靜江 李信子(秀香智)
2024. 여름 은향학회 기행 시時

靜江 李信子(秀香智)

- 전북 이리(현. 익산) 창인동에서 父. 李元龍
  母. 羅又伊의 셋째 딸로 출생 (1943年)
- 덕성여대교육원 의식심리학. 수필이론과 창작공부 함
- 성덕도 유지재단에서 교직자 역임(1962~1969)
- 1992년 수필공원 '기다림'으로 문단활동 시작
  사)국제PEN한국본부. 한국문인협회원
  한국 현대문학작가연대 중앙위원, 문협 은평 지부 자문위원 외

저서

- 부부수필집 『서풍에 부치는 相思花의 노래』 한 누리미디어
- 『雪原』(2006. 글 나무)
- 『상념의 숲을 거닐며』(2012. 글 나무)
- 『太陽은 아침 지평을 열고』(2019. 글 나무)
- 『존재의 숨결』(2022. 명성서림)
- 『생명의 불꽃』(2025. 문화앤피플)

수상경력

- 제 9회 허균, 허난설헌 문학상 (2000年)
- 제 14회 한국 문인산악회 산문학상 (2012年)
- 제 14회 은평 수필 문학상 (2003年)
- 현대 작가회 작품상 외 다수

E-MAIL: calm-river@hanmail.net

문학은 나를 존재케 하는 힘이요
자성신앙은 나의 영원한 동반자

/ 작가의 말 /

    2025년은 윤달이 있는 해, 60년 만에 찾아온 폭염은 팔월의 태양처럼 너와 나의 삶을 뜨겁게 달구고 있다. 이처럼 힘겨운 때에 존재할 수 있는 원동력이 무엇이냐고 누군가가 물어온다면 나의 결핍을 채워주는 문학과 종교의 힘이 있기 때문이라고. 오늘도 나에게 주어진 시간을 아껴 읽고 쓰고 명상하는 데 주력한다. 자기 스스로에 관한 치열한 탐구의 길에 서서 제6에세이 『생명의 불꽃』을 선보이게 되어 기쁘다.

    하늘(丶), 땅(一), 깎을 예(乂)로 이루어진 '글文'은 하늘과 땅 사이의 자연과 사람, 사람과 사람과의 소통과 통섭이란 의미를 함축하여 담긴 글이 문학이라고 전해온다. 때론 그리움과 고독이 밀물처럼 밀려올 때도 있지만 문학과 종교의 힘이 썰물로 쉽게 밀어주기에 감사드리는 마음이다.

여명黎明을 물리치고 아침에 떠오르는 태양은 희망의 빛이다. 하지만 희망으로 가득했던 청춘 시절을 지나 황혼을 바라보고 있는 즈음 서녘 하늘에 황홀한 노을을 앞으로 얼마나 더 볼 수 있을까 싶으면 남아 있는 하루하루가 소중하여 성실하게 전진하리라 다짐해 본다.

연륜이 안겨준 결코 반갑지만은 않은 선물을 안고 이 생명 다하는 날까지 불꽃을 잠재우지 않으리라.

2025년 유난했던 폭염을 이기며
성미산골 서재에서
靜江 이신자(秀香智)

차례

1부. 너와 내가 함께

위대한 탄생 - 12

삶은 명암明暗의 쇼무대 - 15

갑순이의 일생 - 20

괴산槐山 산막이 옛길 - 23

공존共存하는 4월 - 25

21세기 오늘은 - 27

너와 내가 함께 - 29

담배에 얽힌 실화 - 31

소녀 그 후 - 33

하늘과 바다의 사랑이야기 - 36

2부. 사랑은 삶의 근원

그 이 - 40
코끼리에 얽힌 사연 - 43
사랑은 삶의 근원 - 48
산山에는 삶의 소리가 있네 - 50
심훈 상록문학제 - 53
금강산 선인장-1 - 56
늦은 8월의 사건 - 62
보이는 것과 보지 못하는 것 - 64
님이 계신 산곡山谷 - 70
폭염, 괴물 장마 비폭탄 - 72
해인사 - 74

차례

3부. 지나온 삶을 뒤돌아 보니

뇌지雷芝의 화심花心-1 - 78

벚꽃 무희 - 86

우리집 자귀나무 - 88

성미산-1 - 93

윤달의 의미 - 96

지나온 삶을 뒤돌아 보니 - 99

시니어의 일상日常 - 101

고행의 길 - 103

구슬픈 8월의 여운 - 106

가계부 - 109

평화의 댐 - 112

천년보고千年寶庫 - 115

4부. 추억은 아름다워

심적心迹 - 120

아호雅號 - 122

투병 20년 - 125

욕망慾望 - 128

추억은 아름다워 - 130

태극기 유감 - 132

뇌지雷芝의 화심花心-2 - 135

성미산-2 - 138

금강산 선인장-2 - 140

꽃은 나에게 - 143

단상斷想-1 - 146

세레나데 - 149

차례

5부. 마음의 사귐, 여운의 물결

나라위한 얼과 글 - 154

DNA - 157

단상斷想-2 - 160

마음의 사귐, 여운의 물결 - 164

일체유심조一切唯心造 - 167

자연이 주관하는 삶 - 170

역경 - 173

뇌지雷芝의 화심花心-3 - 175

잊을 수 없는 한 영혼께 - 180

하늘은 부끄럽게 푸릅니다 - 183

뇌지雷芝의 화심花心-4 - 187

생 명 의 불 꽃

나만 행복하고 상대는 불행하다면 우리네 인생살이는 온전한 삶이 될 수 없는 것 아닌가! 우리라는 울타리에서 함께 있을 때 너와 나는 행복해지는 것은 당연지사다. 우주의 한 품에서 존재하는 우리는 얼굴 모양새나 삶의 방식이 다를지라도 대자연의 질서 앞에 서는, 한 수반水盤 위에 뜬 부평초浮萍草가 아니랴!

범인凡人들은 남의 불행을 보고 듣는 순간 자신과 비교하여 행복감을 느낀다. 하지만 현인賢人들은 남의 불행을 내 것처럼 보듬어 안고 아픔을 같이 나누면서 보람과 행복을 느낀다.

1

너와 내가 함께

위대한 탄생
삶은 명암明暗의 쇼무대
갑순이의 일생
괴산槐山 산막이 옛길
공존共存하는 4월
21세기 오늘은
너와 내가 함께
담배에 얽힌 실화
소녀 그 후
하늘과 바다의 사랑이야기

위대한 탄생

"엄마, 새 소리가 들려요. 저 새는 어떤 새죠? 왜 울고 있어요?"

그는 끝없이 질문한다. 지축을 울리는 베토벤의 교향곡은 그의 고뇌를 뚫고 환희의 세계를 향한 집념이 200여 년이 넘은 오늘날까지 전 세계 음악인들을 경이와 환희의 도가니에 빠져들게 하고 있음을 다시 말해 무엇 하랴! 영감을 얻기 위한 처절한 몸부림과 간절한 기도가 영혼과 접신하여 공감의 순간순간들이 하늘과 통했으리란 생각이 든다. 그 애련哀憐함에 젖어 감상해 본다. 음악의 마력은 참으로 위대한 힐링의 힘을 가지고 있음을 실감하게 되는 것을.

천둥 번개 치는 어느 날 다섯 살 베토벤은 혼자 마당에서 비를 맞고 있었다. 그의 육신은 나뭇잎 스치는 비와 바람 소리의 협주곡을 들으며, 영혼은 장엄한 작곡을 하고 있었다. 어머니는 아들이 비를 맞고 있는 곳으로 가 꼭 껴안아 준다. 함께 비를 맞아 주

려는 깊은 모성애의 침묵! 얼마나 위대한가,

베토벤의 〈운명 교향곡〉은 자신의 운명에 과감히 도전하여 견딜 수 없는 고통과 슬픔을 저돌적인 몸짓으로 창작 의욕을 불태웠기에 듣는 이의 가슴을 뒤흔드는 명작을 탄생시켰음은 누군들 부인할 수 있으랴!

KBS 아침마당 꿈의 무대 출연했던 시각장애인 '오하라' 그녀는 보호견의 안내로 지하철을 이용하면서 일상의 활동을 하던 중 우연히 만나게 된 남성과 인연이 되어 부부가 되었다. 선천적으로 타고난 장애가 아니고 사고로 한쪽 눈은 완전히 실명됐고 한쪽 눈만 명암을 구분할 정도의 앞 못 보는 시각장애인이었지만 어찌나 청순하고 외모가 밝은 미모의 여인에게 한눈에 마음이 쏠려 보호 본능으로 결혼을 결심했다는 그녀의 남편, 하늘이 보내준 천사가 아닌가 싶다. 어엿한 자세의 준수한 외모를 갖춘 그 남자는 순수함 그 자체였다. 사회자가 남편에게 한마디 하라는 기회를 주니 "다음 생에 태어나면 내가 당신의 눈이 되어 많이 도와줄게" 하며 해맑게 웃는 티 없는 음성은 비장애인에게 큰 깨우침을 주는 천사의 음성이었다.

음악은 이처럼 위대한 힘이 있어 장애를 뛰어넘는 위력을 보여주기에 즐거운 마음으로 노래하고 음악에 심취하다 보면 병마도

호전되어 기쁨의 생을 이끌어 갈 수 있는 것이다.

 필자 역시 일상이 무기력해지고 우울증에 빠지려고 할 때 고음으로 노래 부르며 심신을 다스려 나가다 보면 비 온 뒤에 무지개가 뜨는 맑은 하늘처럼 생의 활력소를 얻곤 한다.

　서양의 유명한 음악가 베토벤처럼, '오하라' 시각장애인 여인처럼 자기가 처한 힘겨운 현실을 뛰어넘어 꿈을 향해 전진할 때 광명이 찾아옴은 진리다. 공감하는 순간 새로운 삶이 전개되는 것은 누구도 부인할 수 없는 일이 아닌가!

　장애를 극복하며 자신의 예술세계를 성공으로 이끄는 위대한 탄생에 존경심을 보낸다.

'병은 쾌락의 이자'란 말이 있다. 쾌락에 안주하여 일상이 정상화되지 않으면 병마는 이길 수 없다. 장애를 자신과 투쟁하여 쾌락의 이자를 얻는 것은 자기 극기의 이자가 아니랴!

삶은 명암明暗의 쇼 무대

 봄비가 추적추적 내리는 오월 어느 날.

서울 상암동 월드컵 야외 경기장에서는 임영웅 콘서트가 열리고 있었다. 우중雨中인데도 전국 각지에서 열광하는 팬들이 인산인해로 모여들고 있다.

 필자는 트로트나 대중가요 보다는 오페라나 클래식 음악 가곡을 더 선호하는 편이다. 악단을 지휘하는 지휘자의 모습은 언제 보아도 경이롭다. 음악과 혼신으로 하나 되어 때로는 폭풍처럼 격렬하게 때로는 작은 새처럼 감미롭게 인간의 깊은 감성 속까지 파고든다. 지휘자의 온갖 표정 속에서 청중들의 감성도 따라서 춤춘다.

 아끼는 후배가 일 년 전에 남편과 사별 후 마음을 잡지 못하고 우울증에 시달리고 있어 그녀를 위로 격려 차 마중 나온 길이다. 그녀는 친구의 권유로 여기 콘서트 장에 오게 됐는데 다녀온 후로 서서히 마음에 안정을 찾아간다고 했다. 전남 광주에서는 대형 버스를 다섯 대나 대절하여 호텔에 1박 2일 숙소를 정하고 다음 날 다시 한번 더 감상하고 간단다. 옷하고, 장신구, 반짝거리는 형광 응원봉, 펜클럽 일행표시 액세서리 등 소품값이 나의 상상력을 초월한 거액이어서 놀랐다. 그래도 병원비보다는 싸다는 그들의 열성에 한 번 더 놀라지 않을 수 없었다. 전남 광주에서만 이러하니 전국 각지 경남, 경북, 강원도, 전북, 부산 등에서 몰려온 인파는 이루다 헤아릴 수 없는 현장이다. 빗속에서도 관중석 응원봉이 5월의 이름다운 꽃처럼 화려하고 하늘의 별빛처럼 반짝거린다. 영혼을 맑혀 주는 음악은 장르를 초월하는 것 같았다. 사랑으로 메아리치는 광경을 보고 있노라니 부정적이던 생각보다는 우울증을 치유해 주겠다는 느낌도 받았다. 반복되는 일상에 갇혀 힘들어하는 많은 청중에게 건네주는 한 잔의 달콤한 포도주려니 싶기도 했다.

  5월의 비는 이슬비처럼 내리더니 갑자기 강하게 내리는 변화무쌍한 날씨에도 휠체어를 타고 온 할머니, 할아버지들도 가끔 보인다. 자식들의 효행의 모습이려니 생각하다가도 얼마나 할머니, 할아버지가 원했으면 휠체어까지 동원했을까. 젊었을 때와 또 다른 감성은 늙어 갈수록 세월과 무관하게 더 진해진다는 것을 자식들은 알까? 비록 육신은 늙었지만 지난날을 추억하며 심장이 쿵쾅거린다는 것을.

임영웅 엄마는 일찍이 청상과부로 자식 뒷바라지만을 친정엄마와 함께 했단다. 우스갯소리 같지만 '전생에 내가 나라를 구했나' 하는 엄마의 유머가 여운을 남긴다. 필자는 영웅이가 잘 되어 가는 것을 보니 이름값도 무시 못 한다는 생각과 함께 이것이 우주의 법칙인가? 엉뚱한 생각도 해 봤다.

그가 만인의 사랑을 받는 이유는 자기 자신을 높이기 위해 숨어서 많은 노력을 했기 때문이리라.

서울 마포구 합정역 부근에서 군고구마 장사를 하던 청년이 역경을 딛고 일어서 이름처럼 영웅이 되지 않았나 싶다. 어두워야 별이 반짝이는 것을 볼 수 있듯 힘겨운 역경 속에서 오늘의 영광을 받는 그에게 힘찬 박수를 보낸다. '눈에 눈물이 없으면 무지개를 볼 수 없다'는 도스트엡스키의 명언이 떠오른다. 무지개 일곱 색깔은 빨강 눈부신 열정적인. 주황 타오르는 환희의 빛. 노랑 부드러운 평화의 상징, 초록 싱그러운 푸른 빛. 파랑 열려 있는 바다 빛. 남색은 마르지 않는 잉크 빛. 보라는 은은한 신비의 빛처럼 병마와 싸워 이기면서 남은 여정을 물들이고 싶은 무지개 꿈을 꿔본다.

예술인에게는 고통의 시간을 감내하며 자기 분야에서 최선을 다할 때 자신의 영혼을 밝히는 원천이 된다는 것을 매양 매시 느껴왔다. 우중雨中 속에서도 콘서트장의 열광은 팬들에 사랑의 결실을 보게 하여 '사랑은 사랑으로 연결된다'는 하이네Heine의 말이 스쳐 지나간다.

여기까지는 인간人間의 감성에 관하여 썼지만 지금부터는 사람의 감정에 관하여 쓰고자 한다.

사람이 산다는 것은 서로의 아픔과 통증을 공감하면서 그 아픔과 통증을 해소하기 위해 협력하는 것이 감정을 교류하는 것이라 사료된다. 세월도 가고 따라서 뜨거웠던 사랑도 떠나간다. 화가 나면 소인배들은 그 감정을 참기가 어렵다. 선비들 조차 사람의 감정 중에 분노가 가장 다스리기가 어렵다고 했다.

성리학의 창시자인 주자朱子도 "나의 기질상 병통은 분노와 원망을 다스리지 못하는 데 있다"고 했다. 인간에 감정이 절정에 이르는 건 15초의 그 짧은 시간이 한 개인의 운명을 좌우한다는 그 실체가 전국 수능시험에 응시했던 만점자가 배신한 애인을 회칼로 찔러 죽인 사건은 과격한 감정을 이기지 못한 행동의 결과 아니고 무엇이랴! 자기에게 무거운 형벌이 기다리고 있다는 것을 왜 생각지 못했을까. 공부는 잘해 서울대에 합격했어도 지속할 수 없는 학업이 안타까울 따름이다. 화가 치밀어도 15초만 멈추어 생각했더라면 그의 인생은 바뀌었을 것이다. '단테'는 이렇게 말했다. 자기 몸과 마음을 함부로 선택하는 것은 죽어서도 스스로에게 고통을 더 하는 행위라고.

또 하나의 사태를 들자면 군기를 잡겠다고 선임 상사가 사병에게 얼차려를 시켜 치약 한 통을 다 짜서 억지로 먹게 하였다. 또 사병이 먹은 음식을 등을 쳐서 토하게 한 다음에 토해 낸 음식을 억지로 다시 먹게 하는 등 가혹한 행위를 하여 끝내 남의 귀한 아들을 자살하게 했다. 선임자도 자기감정을 다스리지 못한 가혹한 행동이었음을 후회한들 엎질러진 물임에랴!

 음악 동호인 노부부는 아내 82세, 남편 89세 로 소문난 금슬 좋은 사이였다. 일생동안 싸움도 거의 안 했다면 거짓말처럼 믿기지 않을 정도로 말다툼 정도였는데 이번엔 크게 싸워 눈 흘기며 말 안 하고 지낸 지가 한 달이 넘었다고 가곡 반에 나와서 하소연한다. 참으로 인간의 감정은 노소를 막론하고 어떻게 다 설명할 수 있을까?

 인간의 감정을 드러내는 변화무쌍한 두 극단의 울음과 웃음, 슬플 때는 맘 놓고 울음보를 펼쳐놓고 울고 나면 비 갠 하늘처럼 정신이 맑아진다. 목청껏 노래하는 것 또한 최고의 위로요 치료제다.

 잔잔한 물살보다는 파도치는 바다가 아름답듯 생의 마지막 날까지 웃음과 울음의 감성과 감정을 잘 조절하여 여생을 잘 꾸려나가야겠다.

갑순이의 일생

 그녀는 부부 금실이 좋아 아들딸 낳아 잘 키워 훌륭한 자식으로 성장시켰다. 애주가이던 남편은 중년 이후 술 마신 후유증이 심해 폭력이 날이 갈수록 무서울 정도로 극심해져 딸과 함께 가출하여 지금껏 사위 외손자들과 함께 생활하고 있다.

부부의 인연은 때가 되면 꽃도 피우고 열매도 맺게 되는 것이 자연의 이치가 아니던가! 인과의 법칙에 따라 선의 씨앗은 선의 열매가 열리고 악의 씨앗은 악의 열매가 열리게 됨은 누구도 부인할 수 없는 일이다.

그녀를 미용실에서 만나 머리를 손질하며 이런저런 얘기를 나누다 알게 된 사실 하나. 젊은 날의 다정다감했던 감정은 사라진 지 오래란다. 남편은 지금 말기 암 치료로 하늘나라로 갈 날만 기다리고 있는 중, 원수가 따로 없다고 거침없이 쏟아놓는다. 멀리 지방에 있어 문병을 가고 싶은 마음은 조금도 없다고 하던 어느 날 남편은 급기야 세상과 이별을 했다며 눈물바람으로 하소연을 한다. 그녀의 말을 듣는 나에게 사후에 자기의 심정을 진솔하게 털어놓는 데 불과 5분 거리에 있는 아파트에서 쳐다보면 볼 수 있는 거리에 서로 떨어져 몇십 년을 생활해오던 터. 마음이 멀면 지척도 천 리요, 가까우면 천 리도 지척이란 말을 실감했다. 멀리 지방에 있다는 말은 새빨간 거짓말.

막상 사별하고 유품 정리를 하러 그가 수십 년 생활했던 곳에 가보니 아내를 그리며 살아온 흔적이 역력하여 가슴을 치며 하염없는 눈물이 흘러내려 참을 수 없었다고 털어놓는다.

인제 와서 후회하고 가슴 치는 반성을 한들 이미 기차는 떠난 후, 있을 때 잘하라는 노랫말이 떠오르기도 했단다. '과보果報의 理致는 내가 짓고 내가 받는 것'이라고 깨우쳐 주신 스승님의 은혜가 있었으므로 필자 자신이 오늘이 있기까지 참아낸 가르치심에 고개 숙여 감사드린다.

인과因果와 인연因緣은 다시 새겨보면 원숭이가 밭에서 얻은 콩을 두 주먹에 쥐고 나무 위에 올리려다 쥐고 있던 콩을 떨어뜨려 급한 나머지 손에 쥐고 있던 나머지 콩을 모두 던져버리고 나무를 내려와 콩을 주우려 했으나 이미 닭들이 모두 먹어 치운 후 콩 하나 때문에 모든 콩을 잃어버린 어리석음은 불교경전 "백유경百喩經"에 나오는 얘기다. 현실에 처한 불행의 작은 것에 집착하다 큰 것을 모두 잃은 교훈을 그녀에게 알려주고 싶었다.

  현실의 불만과 욕심에 마음의 평화를 잃게 됨은 인과因果요, 싫고 괴롭고 슬픈 불행의 과보果報를 얻게 되었다는 깊은 뜻을 그녀가 깨달았으면 하는 소망을 가져본다.

괴산槐山 산막이옛길

산으로 막혀 산막이골이라고 이름을 지었다네. 산으로 첩첩이 쌓여 있는 이곳은 산과 물과 숲이 우거져 자연스러운 풍광을 자랑하기에 모자람이 없는 듯 하네. 한국에서 걷기 좋은 곳으로 관광공사에서는 30선으로 꼽았다네!

 시원스러운 호수를 끼고 걸으니 산책길이 구불구불 긴데도 나무계단으로 되어 있어 친구와 정담을 나누며 오래 걸어도 지루하지 않았네.

 선비들이 괴산 산막이옛길에서 문경새재로 몇 날 며칠에 걸쳐 과거시험 보러 갔던 어른들의 얘기를 들을 때면 개나리 봇짐을 짊어지고 수백 리 길을 짚신 신고 걸었던 선비들의 청빈한 의지력에 감탄하게 되네.

 산막이옛길에 설치된 출렁이는 구름다리 아래를 내려다보고 있노라면 아슬아슬했던 기억들이 먼 훗날 추억의 앨범을 곱게 장식할 것 같네. 이 구름다리는 주변이 수변으로 조성된 곳이라서 꾀

꼬리 전망대라고 부른다네.

괴산 산맥이 옛길과 충청도 양반 길을 연결하는 연하협은 한국 관광명소 중 100선으로 꼽힌다네. 유람선을 타고 첩첩이 쌓여 있는 산막골을 걷노라니 얼마나 산으로 겹겹이 쌓여 있으면 '산막이골'이라고 불렸을까 싶네.

나무구멍에서 나오는 생수를 우리 일행은 줄을 서서 마시고 또 마셨다네. 나 역시 다리, 무릎이 여의찮은지라 얼마나 마셨던지 임산부처럼 배가 불록 나왔다네.

K 문우는 약수를 실컷 마시고 난 후, "아싸, 내 다리가 다 펴졌다"라고 춤추며 풍자극을 하여 한바탕 웃음바다가 되었다네. 어흥 어흥 호랑이가 나타날 것만 같은 호랑이굴을 지나 한참을 걷다가 멋쩍게 웃고 있는 망초를 만났네. 이웃집 여인네처럼 그저 밋밋하네. 짙은 향 없어도 벌 나비 날아드는 괴산호를 무심한 듯 유심으로 쳐다보는 호젓한 모습이 마냥 가슴 저리게 하네.

멋쩍게 웃고 있는 망초야! 산막이골 괴산호에서 잘 자거라 손 흔드니 망초도 따라서 빙그레 웃는 듯 하네.

공존하는 4월

필자에게 4월은 幸, 不幸이 같이한 봄날이다. 결혼기념일이 있고 장남이 태어나 행복했는가 하면 사랑하는 이와 이별해야 하는 슬픈 달이다. 마음을 설레게 하는 계절임에도 사람들 사이에서 오르내리는 잔인한 달이 4월임을 느낀다.

세계 1차 대전이 끝나고 영국 시인 '엘리엇'이 쓴 '황무지'라는 시詩구절에서 "4월은 가장 잔인한 달, 죽은 땅에서 라일락을 키워내고 추억과 그리움을 더듬게 하여 봄비는 잠든 뿌리를 깨운다. 겨울은 오히려 따뜻했다."라고 말했다.

자작시自作詩 한 편

사월 그날이 오면
나 당신에게 가리 하늘로

당겨 오르는 가슴 안고 나 당신에게 가리

수줍어 말 못하고 보랏빛 향기로 다가오는 당신

하늘과 땅 사이에 담긴 침묵의 언어들

우련한 아지랑이 되어 다가오네

깨알 같은 정화情話가 스스러워

사월의 꽃으로 오는 당신이여~

숨 막히는 감미로운 보랏빛 향기는

그리움의 노래인가!

사월이 오면 이 선연한 아픔

하늘로 오르는 그리움

어이 하리~ 어이 하리

  해마다 사월 결혼기념일에 라일락꽃 핀 담장에 기대어 눈 감고 있노라면 몸과 마음을 흔드는 보랏빛 웃음소리 칠흑의 시간 속에 묻혀 지낸다. 그리움으로 나를 이끄니 어이하면 좋으랴!

21세기 오늘은

 젊은 날 애주가인 남편과 부부싸움이 잦았다. 그때 나는 우리 가정의 가훈을 가화만사성이라 정해두고서도.

어느 날 초등학교 2학년인 둘째 녀석이 학교에서 돌아와 대뜸 하는 말 "엄마! 공부 시간에 선생님이 가훈을 쓰라고 하셔서 나는 거침없이 '가화만사성'이란 뜻도 잘 모르고 썼는데 엄마 아빠는 왜 자꾸 싸우냐"라고 할 때 할 말을 잃고 쥐구멍이라도 있었으면 들어가고 싶을 정도로 부끄러웠다.

60대 아버지가 서른 살 아들을 자기가 만든 사제 권총으로 쏴 죽인 사건이 큰 이슈가 된 요즘이다. 그 이유인 즉 네가(아들) 이혼의 사유를 만들어줬기 때문이란다. 아버지 생일상도 차려줄 만큼 고분고분 착한 아들이었다는데. 엄마 아빠 싸움을 늘 목격한 아들이 중간에 끼어들어 거추장스러웠던가 보다. 결국 이혼하는 것으로 막장을 내렸지만, 아들을 쳐다볼 때마다 네가 원인 제공을 한

놈이라고 증오심이 증폭되어갔던 모양이다. 자기반성을 할 줄 모르고 애꿎은 아들 탓만 하던 끝에 결론은 윤리도 도덕도 망각한 아버지가 아들을 죽이고 말았다. 이 모두가 다 오늘날의 현실인 것을 어떻게 설명해야 좋을까!

보이스피싱 피의자는 거의 20, 30대라고 한다. 인생의 선배로서 모범을 보이지 못하고 상대방 너의 탓으로 돌리는 지성인들은 깊이 반성해야 한다. 노력 없이 감나무 밑에 누워 입 벌리고 감이 자기 입에 들어오기를 바라는 불로소득의 부정한 정신을 21세기에 사는 기성인들은 깊이 반성하며 과오를 범하지 말아야 한다.

오늘날 사회가 무질서하고 어두운 것은 모두가 어른들에게 책임이 있다고 본다. 문제아는 문제의 부모가 낳은 것이다. 아버지, 어머니는 문제가 많은 일상생활을 하면서 자식들만을 꾸짖는 것은 누워서 천장 보고 자기 얼굴에 침 뿌리는 것과 무엇이 다른가! 누워서 침 뱉으면 결국 자기 얼굴에 다시 떨어지는 자연 이치를 깨달아야 하리라. 정치 경제 사회 가정 상거래 이 모두의 불협화음은 자기가 해야 할 본분을 탈선했기 때문에 생긴 현상이다. 너 나 할 것 없이 대오각성大悟覺醒하여 바른 가정, 바른 사회, 올바른 국가를 세우는 것이 21세기를 사는 오늘날 우리의 숙제가 아닐는지!

너와 내가 함께

나의 행복, 너의 불행. 너의 불행, 나의 행복. 어느 이혼한 부부가 헤어지면서 상대에게 부르짖던 말이란다. 우리는 너와 내가 있기에 우리 모두라는 공동체가 형성된다. 혼자가 아니고 너와 내가 함께하는 세상일 때 가정과 사회는 행복해지는 것은 당연한 일 아닌가! 내 편, 네 편 가르는 것은 선천적으로 타고난 본능이 속세에 오염되어 덕성을 상실한 탓이 아니고 무엇이랴!

넬슨 만델라 대통령이 자주 강조해 널리 알려지기 시작한 말 - '우분투' UBUNTU = together happy life! 당신이 있기에 우리 모두가 있습니다. 나만 있고 너는 없다면 이 세상은 존속할 수 없다. - 라고.

나만 행복하고 상대는 불행하다면 우리네 인생살이는 온전한 삶이 될 수 없는 것 아닌가! 우리라는 울타리에서 함께 있을 때 너와 나는 행복해지는 것은 당연지사다. 우주의 한 품에서 존재하는 우리는 얼굴 모양새나 삶의 방식이 다를지라도 대자연의 질서 앞에서는 한 수반水盤 위에 뜬 부평초浮萍草가 아니랴.

범인凡人들은 남의 불행을 보고 듣는 순간 자신과 비교하여 행복감을 느낀다. 하지만 현인賢人들은 남의 불행을 내 것처럼 보듬어 안고 아픔을 같이 나누면서 보람과 행복을 느낀다.

이것이 울음과 웃음의 차이라고나 할까. 언제나 내 삶 안에서 '우분투'의 정신으로 일상생활을 유지한다면 너와 나는 행복한 삶이 될 것이다.

담배가 얽힌 실화

몇 해 전 일이다. 친구와 점심 약속이 있어 좀 늦었기에 종종걸음으로 급하게 가는 중이다, 그때 뒤에서 "아줌마"하며 중 1,2학년쯤 되어 보이는 남학생이 오천 원짜리 지폐를 흔들며 담배 한 갑만 사다 주고 나머지 돈은 나보고 갖으라는 것이다.

그때 담뱃값은 보통 많이 피우는 것이 2,900원 정도였다. 미성년자에게는 판매 금지가 되어있어 그러는가보다 이해는 하지만 부모님으로부터 어렵게 타온 용돈을 이렇게 아무렇지 않은 듯 써도 될까? 아니면 검은돈으로 쉽사리 얻은 돈일까? 여러 착잡한 생각이 교차했지만, 그 소년의 부탁을 들어주기가 싫었다. 무시한 채 쫓기는 걸음으로 뒤 돌아보지도 못하고 약속 장소로 가면서 혹여 뒤 쫓아와 행패 부리지 않을까 하는 노파심으로 불안했다. 순진해야 할 청소년이 왜 저렇게 됐을까? 아무리 험한 세상이라지만 어른이랍시고 가르치려 하니 지하철에서 내려오는 할아버지를 밀쳐 버려 계단에서 굴러떨어져 뇌진탕을 일으킨 사건을 우리는 다 아는 사실, 이래도 지켜보고만 있어서 될까?

　폐암 1위인 백해무익한 담배를 아직 성숙하지 못한 소년기부터 흡연하다 보면 두뇌도 맑지 못하고 공부하는데도 지장이 있을 텐데 말이다. 부모의 가정교육이 절실히 필요한 때, 문제의 아동과 청소년 뒤에는 문제의 부모가 있는 것을 그 책임을 져야 한다. 자식을 낳기만 하고 책임감을 가지지 않으면 안 된다. 철저히 교육시키지 않으면 안 된다.

소녀 그 후

"얘야, 저기 비닐우산을 숲속 나무 아래 넣어 두었으니 찾아서 쓰고 갔다가 다음 날 생각나거든 다시 그 자리에 놓아두면 된단다." 그 소녀 아이의 대답, "왜 나한테 그렇게 관심을 가지세요. 내버려 두세요."

비 오는 날 산길에서 초등학교 1, 2학년쯤 되어 보이는 여자아이가 비가 추적추적 내리고 있는데 비를 맞고 가는 모습이 안쓰러워 도입부에 그 소녀와 나눈 대화를 먼저 넣어 보았다. 보통 우리네 같으면 '감사합니다. 고맙습니다.'라고 대답하는 게 통례였기에 소녀의 대답에 다소 충격을 받았다. 하여 사전적 번역을 찾아보니 '유, 소년기는 잘 모르는 어느 때를 가리키는 말'이라고 쓰여 있다. 아무리 잘 모르는 어느 때라지만 현실의 비정함을 말해 주는 상황이 너무도 쓸쓸했다. 지금은 출산을 꺼리는 시대라 결혼해도 출산을 거부하거나 아이를 하나만 키우다 보니 애지중지 양육만 했지, 인성교육을 시키지 않은 부모의 탓이 오늘의 일화를 보여 준 것이지 싶다. 고모도 이모도 삼촌도 모르고 자라는 핵가족이 보여준 불미스러운 현상인 것을~

앞으로는 이모도 삼촌도 고모도 모르는 외로운 시대에 사는 측은한 아이들을 어찌하면 좋을까! 여러 친척 가족들이 명절 때 아니면 보통 때라도 어울려 살아갈 때 자연스레 인성교육이 되는 법인데 안타까울 뿐이다. 노인 인구는 전체 국민 수의 20%가 넘어 시니어는 늘어가는 반면 출산율은 갈수록 떨어지는 현실의 아쉬움을 어떻게 메울 수 있으려는 지~~

아직 인성人性이 자리 잡히지 않은 아이들에게 어른들은 책임감을 느끼고 가정교육을 시켜야 한다. 세 살 버릇 여든까지 간다는 말은 속담이 아닌 현실이다. 스승의 그림자도 밟아서는 안 된다는 옛 가르침은 사라진 지 이미 오래된 일이다. 오늘날 교육 현장은 치맛바람을 날리는 별난 학부모들에게 시달리고 있다. 그러한 태도가 모여 아이들도 교사(선생님)를 스승으로 모시지 않아 초년 교사들의 자살률이 높아만 가고 있는 현실을 개탄하지 않을 수 없다.

좋은 옷 좋은 환경 좋은 음식만 먹이는 것이 부모의 도리를 다한 양 착각했어야 어찌 아이들의 인성교육을 시킬 수 있겠는가!

'천성天性은 선령善靈'이란 성훈의 가르침이 있다. 태어날 때는 하늘로부터 착한 영혼을 부여받아왔건만 후천적으로 부모의 양육이 잘못되어 악성으로 변해가는 것을 어른들은 바로 잡아 주지 않으면 안 된다. 부모의 책임이 막중하다는 것을 절실히 느껴야 할 것이다.

하늘과 바다의 사랑 이야기

 옛날에 하늘하고 바다는 사랑을 했습니다.
사람이 태어나기 전부터 계속된 아주 긴 사랑을
둘은 너무도 사랑해서 하늘은 바다를 닮아 바다색이 되었고
바다는 하늘을 닮아 하늘색이 되었습니다.
어스름한 저녁이 되면 바다는 하늘에게
"사랑해"라고 속삭였고 그 말을 들을 때마다
하늘은 부끄러워 노을을 빨갛게 물들였습니다.
그러면 바다도 같이 얼굴이 물들었고
둘은 서로 마주 보며 행복한 사랑을 했습니다.
수 천 년이 지나도 변하지 않을 아주 긴 사랑을~
그런데 구름도 하늘을 사랑하게 되었습니다.
하늘이 너무도 높고 깨끗해서 구름도 반하지 않을 수 없었던 것입니다.
하지만 하늘은 바다만 쳐다보았습니다.

구름이 아무리 사랑한다고 하늘에 고백해도

하늘은 오로지 바다 생각뿐이었습니다.

생각다 못한 구름은 어느 날 하늘을 전부 가려버렸습니다.

자신의 사랑을 받아 주지 않는 하늘이 미웠던 것입니다.

더 이상 서로를 바라볼 수 없게 되자

하늘은 너무 슬퍼서 눈물의 비를 흘렸고

바다는 하늘이 너무 그리워 파도로 몸부림쳤습니다.

그리고 매일매일 구름에게 한 번만이라도 보게 해달라고 애원했습니다.

결국은 둘의 애절한 사랑을 보지 못한 바람이 구름을 멀리 쫓아버렸습니다.

멀리 있을 때가 아름다웠던 것입니다.

다시는 하늘에게 사랑한다고 말할 수 없을 것만 같았습니다.

그래서 하늘이 흘렸던 눈물이라도 소중히 머금고 갔습니다.

그 후로 하늘과 바다는 아무도 방해하지 않는

먼 수평선에서 사랑을 나누었습니다.

그런 둘의 사랑을 보며 구름은 힐끔 눈물을 흘렸고

구름이 울 땐 비가 내린대요.

그래서 비가 되었대요.

역사상 유례없는 폭우로 고생하고 있는 수재민에게 심심한 위로를 보내면서 전해 내려오는 '하늘과 바다의 사랑 이야기'를 적어보았네요.

아름다운 삶이란 싹을 틔우는 것이다. 그 싹을 틔우는 것은 바로 사랑에서 나온다. 신이 우리에게 주신 큰 은혜중 하나는 사랑은 삶의 근원임을 어느 누구도 부인할 수 없으리라. 그 생명의 근원을 찾아 우리는 울고 웃고 그리워하며 사랑을 지속해간다.

2

사랑은 삶의 근원

그 이
코끼리에 얽힌 사연
사랑은 삶의 근원
산山에는 삶의 소리가 있네
심훈 상록문학제
금강산 선인장-1
늦은 8월의 사건
보이는 것과 보지 못하는 것
님이 계신 산곡山谷
폭염, 괴물 장마 비폭탄
해인사

그 이

 그이는 꿈 많은 청년이었다. 머리(흰 모자)부터 발끝 까지(백구두)제복을 입은 해군 장교가 멋있어 보였단다.

해군사관학교 졸업생들은 선후배가 있으므로 뒤에서 받쳐주고 앞에서 이끌어주지만, 일반대학 졸업생인 'OCS' 1기 생인 그이는 첫 단추부터 잘못 낀 시작이었다. 해군 제독이 되는 게 꿈이었지만 'OCS' 생도로서는 하늘의 별 따기처럼 어려운 일이었다. 해군 함정을 타고 육지로부터 멀리 떨어져 망망대해를 항해할 때는 푸른 산천이며 기암절벽이 더욱더 호기심을 끄는 것은 육지로부터 멀리 떨어져 있다는 게 더한 매력을 느꼈는지도 모른다고 했다.

군인이라는 억압된 마음만 아니었다면 어렴풋이 구름이 쌓인 조그마한 섬들을 마음껏 만끽했을 거라고 종종 얘기하곤 했다. 뱃멀미하는 동료들 중에 뱃멀미를 하지 않는 체질이어서 다행이었지만 그래도 어딘가 이상한 것만은 사실이었다고. 식사를 해도 먹는 건지 안 먹는 건지 도대체 정상은 아니었다고 토로했다. 심한 파도라도 한 번 쳐서 거기에서 무엇인가를 느껴보고 싶은 모험심과 영웅심이 강한 그 이였지만 생활인으로서의 현실감각은 너무나도 없는 사람이다.

　1969년 연말, 진해 제2부두에서 해군 생도들을 인솔하여 동남아 일대 순방길에 올랐다. 세계에서 제일 깊은 필리핀 군도의 바다는 7,000m나 되어 수심이 깊다고 했다. 바다 색깔이 코발트빛에 해가 뜨고 지고 별이 총총히 빛나면 그리운 사람들의 얼굴이 스쳐 지나가곤 했단다.

　대만 근해 東지나 해협을 지나 무인도에서 바라보니 필리핀의 영토가 보이기 시작, 앞으로 하루만 지나면 방콕에 상륙한다는 소식에 마음이 설렜다 한다. 방콕 시내를 누비며 쇼핑하던 중에 커다란 목각 코끼리가 눈에 들어왔단다. 통나무로 깎은 것이라 아주 힘이 센 성인도 혼자는 들기 어려운 무게를 수병을 시켜 짊어지고 함정에 들어오니 천하의 부자가 부럽지 않을 정도로 행복했단다.

　그때 우리는 신혼으로 겨우 두 사람이 붙어서 살 정도의 아주 좁은 셋방에서 살 때라 그 큰 코끼리를 놓을 자리가 없었다. 56살 장남(민규)이 아직 태어나기도 전이니까, 코끼리가 57살이 된 우리 가족의 첫 번째 일원이 되었다. 경제 관념이나 현실과는 거리가 먼 꿈속에서 산 그이였음은 두말할 나위가 없었다.

다시 처음으로 돌아가 얘기하자면 그는 해군 제독의 큰 뜻을 품었지만 현실과는 거리가 먼 꿈이었기에 품었던 꿈이 좌절되는 순간 본래도 애주가였지만 갈수록 매일 밥 먹듯이 술과 한 몸이 되어 온 식구가 말려도 통제할 수가 없는 상황에 이르렀다. 결국 그는 위암 말기라는 무서운 의사의 진단을 받고 수술 후 일 년 만에 하늘의 별이 되고 말았다.

너 나 없이 꿈을 품고 이루려고 삶을 운행하지만 아니 된다는 것을 깨달았을 때 일찍 내려놓아야 하는데 그이는 끝까지 주酒님을 섬기다 돌아오지 못할 머나먼 강을 건너고 말았다.

뜻을 품고 이상을 향해 너 나 없이 전진하는 것을 막을 수는 없는 일이다. 허나 현실적으로 이룰 수 없는 불가능한 꿈이라면 빨리 깨어나 벗어던져야 한다. 본인 자신은 물론 그 가족까지 큰 영향을 미치는 현실을 직시하지 않으면 안 된다. 하늘나라에서 고운 삶을 꾸려나가길 마음 모아 기도 하는 아내가 전하는 메시지, 기쁨으로 받으소서!

코끼리에 얽힌 사연

 이 글은 필자 장남이 하늘의 별이 되신 아빠를 그리며 어린 시절을 추억하는 실화임을 참고로 밝힌다.

내가 국민학교(초등학교)에 입학하기 전의 일이니 거의 50년 전쯤의 기억이다. 엄마의 말로는 네 아버지는 목포의 3대 한량이라고 하셨다. 목포 경찰서장, 목포대 총장 그리고 너의 아버지. 당시 아버지는 해군 소령이었다. 목포 해양 전문대(지금의 목포 해양대) 학군단에 근무했고 학생들 해양 실습선 타는 것을 총괄 관리하는 것이 주 업무라 했다. 지금은 어떤지 모르겠지만 1970년대의 목포는 인근의 섬사람들에게는 대처大處였고, 더 큰 도시인 광주에 진출하기 위한 일종의 교두보였다. 그래서 목포에는 섬에서 유학 온 고등학생과 목포대생(해양대 포함)들이 하숙하는 집이 많았다. 우리 집도 그랬다.

특히 목포해양전문대 같은 경우에는 졸업을 하고 일정 기간 원양어선을 타면 군대를 면제받을 수 있었을 뿐만 아니라 돈까지 벌 수 있기 때문에 인기가 많았다. 요즘으로 치면 '승선근무예비역' 쯤 될 것이다. 그 해양 실습선에 타기 위해서 경쟁이 치열했다. 후보생 선발 기간이 되면 후보생 부모들은 없는 살림에 논 팔고 밭 팔아 아버지를 만나러 집 앞에 줄을 섰는데 정작 당신은 술 마시면서 세월아 네월아 하면서 보내셨다. 그걸 선발하는 업무를 했음에도 큰 재산을 못 모으신 걸 보면 대과 없이 한량처럼 살았다는 엄마의 말이 맞는 것 같기도 하다. (이 이야기 끝은 항상 엄마의 한숨으로 끝난다. '그때 아비가 조금만 집안 살림에 신경을 썼어도 이러시면서 말이다.)

아무튼 전술했던 이 세 양반은 형님, 아우님 하면서 밤마다 목포 시내를 유랑하며 술집의 술이란 술은 다 마시고 다닌다고 했다. 그래서 밤이 되면 아버지가 어디 있나 레이더를 돌려서(아마 마지막 술자리는 항상 우리 집에서 멀지 않았던 포장마차였던 것으로 기억한다) 집으로 모시고 오는 것이 장남인 나의 임무 중 하나였다. 엄마가 아무리 집에 가자 해도 요지부동이었지만 일곱 살 남짓한 큰아들이 집에 가자 하면 까칠한 수염을 마구 부비며 술자리를 파하고 일어서는 것을 알고 난 이후로는 엄마가 나에게 당신의 전령사 역할을 부여 하신 것이다. 사실 그 일이 그다지 싫지는 않앉는데 술에 불콰하게 취한 아버지를 찾아가면 꼭 오십 원, 백 원 짜리 한 개라도 용돈이 생겼기 때문이다. 나름 즐거웠던 기억이다.

　때로는 그런 분들과 함께 집으로 오셔서 술자리를 이어가기도 했다. 지금도 엄마의 마포구 망원동 본가에는 코끼리 두 마리가 있는데 티크 원목을 깎아 낸, 무게가 50킬로가 넘고 키는 70 센치가 넘는 제법 육중한 놈들이다. 돌아가신 아버지의 생전 설명에 의하면 원양항해 실습을 다니실 때 태국인가 필리핀에서 사 오신 거라 했다. 그게 1970년 무렵이라 했으니 나보다도 두어 살쯤 나이를 많이 먹은 형님 코끼리인 셈이다.

　아버지의 술친구들은 우리 집에 오기만 하면 요 녀석을 어떻게 하면 얻어갈 수 있을까 하면서 아버지와 술 대결을 벌이곤 했다. 하지만 아빠는 아무리 술에 취해도 넘어갈 듯 넘어갈 듯 끝내 이 녀석들을 지켜 내셨다. 모르긴 몰라도 코끼리 핑계로 공짜 술도 많이 얻어 드셨을 것이다. 아니 지금 생각해보면 그런 상황을 즐기셨던 것 같기도 하다.

　예를 들어 이런 식이다. 늦은 시간에 친구분을 집으로 데려오신다. 이미 잔뜩 취기가 오른 상태다. 아버지는 빈손이지만 친구분은 손에 술이며 안줏거리며 한가득하다. 그때까지 잠 못 이루고 기다리고 있던 엄마에게 안줏거리를 건네주고 이내 마주 보고 앉아서 수다를 떨기 시작한다. "어이 자네, 소주 사 온 거 저거 다 마시고 이 놈을 등에 지고 방을 한 바퀴 돌 수 있으면 자네에게 저놈을 넘겨주겠네."

지목받은 그 분은 이미 술에 불콰해진 상태에서 시키는 대로 소주 한 병을 벌떡 마시고는 요 녀석을 들어 올리려 짐짓 용을 쓴다. 하지만 50킬로가 넘는 이 놈을, 술에 취한 상태에서 등에 지고 방을 한 바퀴 돌아오기란 쉬운 일이 아니다. 이내 포기하고 가쁜 숨을 몰아쉬면 아버지는 커다랗게 웃음을 지으면서 술 한 잔을 건넨다.

"거봐 안 된다 했지. 그냥 술이나 한 잔 더 하고 가게나 껄껄껄."
내가 아주 어렸을 때인 대도 불구하고 그런 기억들이 남아있는 걸 보면 아마 한두 번 있었던 이벤트가 아니었을 것이다.

얼마 전 집 정리를 하다가 빛바랜 봉투 세 장을 발견했다. 1976~78년도 아버지의 월급봉투다. 군사정권 하에서 군인의 위상이야 지금보다 조금 우호적이었을지는 몰라도 급여 수준은 지금처럼 일반 기업체보다 훨씬 못했다. 급여 상여 다 포함해서 35만 원 남짓, 아마 박봉이었을 것이다. 78년 대한민국 해군 소령의 월급이 그 정도였다고 봉투가 증언한다. 이 봉투를 엄마에게 보여드리니 당신도 회상에 젖는다.

"빈 봉투나 가져다주면 다행이었지…"

없는 살림에 말썽꾸러기 삼 형제 데리고 집안일 꾸려나가느라 엄마도 당연히 고생 많으셨겠지만 한량처럼 살았다던 아버지도 주어진 위치에서는 나름의 방식으로 열심히 사셨을 것이다. 비록 가족들에게 많은 것을 주진 못했을지라도 당신이 나름 지키려 했던 자존심 하나는 끝까지 붙들고 살았던 것 같다. 돈보다 명예를 택한 게 군인이라면 아버지는 그 명예 하나를 붙잡고 끝까지 살아낸 삶이었을 것이라고 나는 생각한다. 그렇기에 '당신도 열심히 사셨다'라고 나중에 다시 만나게 되면 꼭 말씀드리고 싶다.

얼마 안 있으면 한식이다. 아버지 산소를 설 때 찾아뵙고 아직 찾아뵙지 못했다. 이번 한식 무렵에도 출장이 계획되어 있어 뵙기 어려울 것이다. 시간이 나면 휘리릭 다녀와 봐야겠다고 다짐해 본다. (2024년 3월 24일)

사랑은 삶의 근원

 아름다운 삶이란 싹을 틔우는 것이다. 그 싹을 틔우는 것은 바로 사랑에서 나온다. 신이 우리에게 주신 큰 은혜중 하나는 사랑은 삶의 근원임을 어느 누구도 부인할 수 없으리라. 그 생명의 근원을 찾아 우리는 울고 웃고 그리워하며 사랑을 지속해간다.

슈베르트는 생의 마지막 해(1828년)에 완성된 이 세레나데는 '백조의 날개'라 불리는 마지막 연가곡집에 있는 하나다. 말보다 표현하지 못한 사랑과 그리움을 밤의 정취를 담아낸 걸작이다. 서정성과 애잔함이 잔잔하게 퍼지며 조화를 이루어 낸 애절한 감성을 그가 오래전부터 말 한마디도 못 하고 말도 걸지 못하면서 늘 같은 시간 그 자리에 앉아 있는 아름다운 한 여인을 창 너머로 바라보며 기억은 희미하지만, 그때의 감정만은 또렷하였다고 전한다.

슈베르트는 알고 있던 것, 기억보다 음악이 더 오래 남은 깨달음으로 하여 가슴 속에 깊이 자리하고 있던 순수함을 표현한 세레나데는 그의 마지막 연가곡을 탄생시켰음이 분명한 것이다.

 '나태주' 시인도 첫사랑에 실패한 후 가슴에 쌓여 있는 한을 달래려 시에다 온 정열을 쏟아 부어 오늘날 국내외적으로 유명한 시인이 된 것을 어느 누구도 부인할 사람은 없다.

 그리운 목소리 '박인수'의 노래도

 사랑 그것은 정녕 그리움/ 노을빛처럼 타는가/ 가슴 가득히 설게는 바람/ 잠들지 않는 물결/ 사랑 원하지 않아도 찾아 오네/ 사랑 보내지 않아도 떠나가데/ 사랑 혼자선 이룰 수 없는/ 오~오 사랑이여/ 사랑 그것은 오랜 기다림 강물과 같이 흘러/ 마음 가득히 흐르는 멈추지 않는 기쁨/ 사랑 그것은 외로움/ 아침 햇살에 빛나는 꽃잎 남몰래 태운 촛불

 가사로만 암송해 보아도 사랑은 삶의 근원임을 다시 말해 무엇하랴!

山에는 삶의 소리가

 산에는 일상에 지쳐있는 인간을 품어주는 넉넉함이 있어 좋네. 인간에게 푸르른 피톤치드를 마시게 해주고 꽃과 열매로 하여 행복을 안겨주네. 산에 올라 나무 밑 넓은 그늘에 앉아 쉬노라면 어디서 왔는지 이름 모를 새들이 제각각의 소리로 하모니를 이루네. 그 하모니에 젖어 잡다한 생각에서 벗어나게 해 주는 산새 소리에 생기를 얻네. 이렇게 많은 혜택을 받으면서도 인간은 산에게 무엇으로 보답했나? 그저 즐기고 좋아할 줄 만 알았던 나는 자연에 대해 고마워 할 줄 알아야 하리니. 철 따라 자연에 순응하는 사람이 되어야 한다고 다짐해 보네.

　이른 봄이면 죽은 듯한 메마른 가지에서 움트는 꽃잎들의 수줍은 소리는 살아있음을 알려주는 삶의 소리가 아닌가. 여름이 되어 푸르게 우거진 녹음 사이로 나무와 나무가 부딪쳐서 들려오는 바람 소리는 더위에 지친 가슴을 청량하게 해주네. 우렁찬 매미 소리는 여름이 깊어 감을 알려주는 듯 맴 맴 맴! 흰 까치는 날지만

그래도 태양은 뜨겁기만 하네. 가을의 문턱에 왔음을 알리는 귀뚜라미 소리 등.

　가을 산은 어떤가. 만고풍상을 다 겪은 농익은 인생처럼 울긋불긋 고운 단풍은 그 자체가 우주의 거대한 변화 소리로 들리네. 앙상한 겨울나무 가지에 내려앉은 눈송이들은 신이 주신 겨울의 선물이라 감사하며 받으니 닫혀 있던 영혼이 백설로 하여 하얀 눈을 뜨게 해주네.

　밤사이 눈발이 녹아내린 이슬이 살얼음이 되어 크리스마스트리처럼 반짝이는 광경에 무의식중 탄성을 지르게 하네. 철 따라 서로 다르게 나는 山의 소리는 아름답다는 말보다는 경이롭다는 말이 더 맞는 것 같네. 산은 높고 험하기도 하지만 편안하고 아늑한 숲길도 있어 나는 비가 오나 눈이 오나 생명의 소리를 들으러 어제도 오늘도 내일도 산행을 하려네.

　산중의 새소리 중에서도 내가 귀담아듣는 수둥게국지(지방 사투리)의 새소리에 얽힌 전설을 새겨보네. 예전엔 지방에 따라 큰 항아리를 '수둥'(방언) 이라고 했다네. 계모가 수둥에 계장을 담가놓고 발효되라고 뚜껑을 단단히 덮어두었는데 호기심 많은 철부지 어린 이복자식은 이것이 몹시도 궁금해 계모 몰래 뚜껑을 열고 고개 숙여 들여다보고 있을 때 계모에게 들켰다네.

　화가 난 계모는 어린 것을 그 수둥에 밀쳐버려 빠져 죽게 했다네. 죽어서 한 맺힌 어린것의 영혼이 새가 되었다는 전설. 어둠이 짙게 깔린 산속에서도 이른 새벽이나 밤낮 없이 울부짖는 한 맺힌 새소리를 각기 사람들에 따라서는 소쩍새, 뻐꾹새 등 새 이름이 가지각색이지만 전설을 무시할 수 없는 일. 어떤 때는 내 귀에도 게 국지 게 국지로 들리는듯하여 만상만물의 음향은 듣고 보는 이에 따라 달라짐을 느끼네.

오늘도 나는 각가지 새들의 노래가 새 희망의 합창이라 생각하며 산에 오르네. 산에 있는 삶의 소리들은 나에게 넓은 포용력을 기르라는 교훈으로 다가오네. 하여 오르고 또 오르네. 속 좁은 계모 같은 사람이 이 땅 위에서 사라지기를 바라면서. 게 국지의 구슬픈 새소리의 울림이 맘을 더 아프게 하네.

가슴이 넓은 사람 곁에는 늘 사람이 모여드는 것이 진리인 것을!

심훈상록문학제

 은평문인협회 연중행사 중 하나로 당진 심훈의 필경사를 탐방했다.

5월의 계절답게 목란, 아카시아, 야팝 꽃향기가 코끝으로 들어오며 장밋빛 세상이 상록문화제를 빛 네 주고 있었다.

커다란 자연석에 새겨진 "그날이 오면"

그날이 오면, 그날이 오면은
삼각산이 일어나 더덩실 춤이라도 추고
한강 물이 뒤집혀 용솟음칠 그 날이
이 목숨이 끊기기 전에 와 주기만 할양이 면
나는 밤하늘에 나는 까마귀와 같이
종로의 인경人聲을 머리로 들이받아 울리 오리다
두개골은 깨어져 산산이 조각이 나도
기뻐서 죽사오매 오히려 무슨 한이 남으오리까

그날이 와서, 오오 그날이 와서
육조六曹 앞 넓은 길을 울며 뛰며 뒹굴어도
그래도 넘치는 기쁨에 가슴이 미어질 듯하거든
드는 칼로 이 몸의 가죽이라도 벗겨서
커다란 북을 만들어 들쳐 메고는
여러분의 행렬에 앞장을 서 오리다.
우렁찬 그 소리를 한 번이라도 듣기만 하면
그 자리에 거꾸러져도 눈을 감겠노이다.

이 몸의 가죽이라도 벗겨서 커다란 북을 만들어 들쳐 매고도 여러분의 행렬에 앞장을 서 그 우렁찬 소리를 한 번이라도 듣기만 하면 그 자리에 거꾸러져도 눈을 감 겠 노이다. 너무 눈물겨워 가슴이 벅찹니다.

농촌 계몽 문학의 선구자이신 심훈, 우리 민족을 사랑하고 헌신한 저항 시인의 애국심에 존경심으로 눈가에 이슬이 맺힌다.

오늘날 너와 나는 자신의 이득을 위해 밥그릇 싸움에 혈안이 되어 나라가 망하는지, 흥하는지 분간도 못 하는 위인들이 좌지우지하고 있는 현실에 가슴이 답답하다. 훌륭한 선인들, 선배님들의 이 나라를 지켜 온 저항정신을 본받아 나가는데 국민 모두는 일심동체가 되어 힘을 모아 새 나라를 보수 건축하는데 게을러져서는 안 된다. 나부터 언행일치하자, 실천하자, 최선의 노력을 가하자!

1977년부터 지역문화 발전을 위해 해마다 개최되고 있는 심훈상록문화제의 무궁한 발전을 기원해 본다. 해를 거듭할수록 푸른 문화축제가 될진져! (2025. 여름)

금강산 선인장-1
- 하늘의 별이 된 남편이 생전에 남긴 글

 사람 사는 집안에는 잡다한 여러 물건이 많다. 그래서 어떤 물건이든 손끝에 닿거나 그 물건에 시선이 머무는 순간 아, 이것은 언제 어디에서 왔더라 하는 생각과 그 물건의 내력을 떠올릴 때가 있다.

나는 지금 뜨락 정원석庭園石 위에 놓여 있는 구멍 뚫린 선인장 한 그루를 바라보면서 번개처럼 지나는 상념에 붙들렸다. 이름하여 금강산 선인장이다. 아마 금강산의 봉우리처럼 망울망울 봉오리가 있다고 하여 그렇게 불리 우고 있지 않나 싶다. 키는 1미터 4, 50센티미터 정도, 수십 개의 작고 큰 봉오리들이 알맞게 돋아나 있다.

선인장을 말할 때 나무라고 불러야 할지 화초라고 해야 할지 전문 지식이 없는 나로서는 호칭의 애매함을 느낄 때가 있다. 몸 전체가 파란 잎이요, 동시에 모든 부분이 가지로만 보이기 때문이다. 이 선인장은 언제 어느 사막의 모체로부터 떨어져 나와 지금

나의 곁에까지 와 있는지 머 언 과거 내력은 가늠할 길 없으나 근년의 상황은 소상히 알고 있다.

지금으로부터 30년이 넘는 어느 가을날 아침나절. 당시 누님 한 분이 여학교 영어 교사로 있었는데 한 학생이 선생님 댁을 방문하면서 선물로 선인장 한 분盆을 가져온 것이다. 감색으로 된 여고생 제복이 하얀 컬러로 말미암아 더욱 여고생답게 보이는 예쁜 학생으로 기억에 남아있다. 그때 내 나이 20여 세였다.

여고생을 가까이 처음 보아서일까. 얼굴이 자지러지게 하얀데 그저 황홀하기만 하여 허튼소리까지 했던 걸로 기억이 난다. 분에 심어진 금강산 선인장이라고 하는 것이 꼭 풋고추만 한 것이었다. 누님은 제자가 준 선물이라 하여 정성 들여 가꾸었다. 여학생과 나는 여러 번 자연스럽게 만났다. 겨울에는 한적한 눈길도 걸었다. 빵집에 들어가 빵도 먹었다. 남의 먹는 입을 쳐다보는 것이 아닌데 얘기하다 보니 그 여학생의 입을 쳐다보게 되었다. 천사는 원래 이齒가 없는 것일까, 그 여학생의 이가 윗니 아랫니 할 것 없이 줄줄이 썩어서 까만 흔적만 있었다. 그때 가만히 있었으면 될 일을 참을성 없는 어린 마음으로,

"어! 어? 이가 하나도 없네"

빵집을 나와 헤어질 때 그 여학생의 입은 굳게 닫힌 채 아무 말 없이 돌아서 갔다.

누님이 시집가던 날 자기 것이라고 하여 예의 그 선인장을 혼수차에 싣고 떠났다. 30센티미터 정도는 자라 있을 때였다. 나도 조금은 늦은 나이에 군에 입대하여 각자 자기 갈 곳으로 가서 살게 되었다. 해상 근무를 하다 보니 배 따라 물 따라 세월은 흘렀다. 한 번은 귀향하여 광주 충장로 거리를 걷다가 옛날 그 여고생과 우연하게도 마주쳤다. 귀부인이었다.

 오랜만이라고 하여 서로 웃다 보니 옛날 그이는 온데 간데 없고 새 이가 하얗다. 세월이 거꾸로 간 것일까. 그때는 우리가 늙었고 이제 다시 젊어지다니, 틀니를 하였음이 분명했다. 그러나 나는 속으로만 그렇게 생각하였을 뿐 아무 말도 하지 않았다.

 세월이 정직과 순진과 직선미를 앗아가고 그 자리에 교양과 지성과 에티켓이 남아있다. '이가 하나도 없네'라는 말만 하지 않았던들 그녀와의 어떤 가능성의 싹을 망가뜨리지는 않았을 것을. 그래서 미완의 실패작으로 남지는 않았을 것을.

 해상 근무를 마치고 육상근무를 할 당시, 누님 집에서 그 여고생이 가지고 왔던 선인장 가지 하나를 얻었다. 그 조그마하던 게 자라서 내 키를 당당히 재려 한다. 미끈한 봉오리 하나를 덥석 떼어 주지 못하고 요리 재고 저리 재고 서 있는 누님이 속으로 원망스러웠다.

얻어 온 선인장이 우리 집에서 어린아이 키만 큼 자랐을 때 누님네 선인장이 얼어 죽고 말았다. 아까운 일이었다. 백 번 잘하다가 한 번 잘못 한 결과였다. 새끼 가지나마 우리 집에 남겨 놓기를 참 잘했지 싶었다.

　누님이 우리 집에 오셨다. 이제는 반대로 나에게 가지 하나만 꺾어 달라신다. 선인장 앞에선 누님과 나는 말이 없다. 누님은 어떤 가지를 꺾어 줄 것인가에 대하여 나의 뜻을 헤아려 보고 있었을 것이다. 꺾을 만한 가지가 없어 망설이는 나를 보며 수년 전 내가 그랬듯이 속으로 동생이 야속했으리라. 중간쯤에서 예쁜 봉우리 하나를 떼어 드렸다. 나의 선인장이 어쩌다 죽게 되는지, 그렇게 되면 다시 돌아올는지도 모를 일이라는 생각을 하면서.

　작년 이맘때쯤 뜨락에 놓여 있는 선인장 주위를 서성이다가 놀라운 착상을 얻었다. 왜 지금까지 아침, 저녁 수없이 선인장을 보아 왔으면서도 이 생각을 못 하였을까, 할 정도의 큰 발상이었다. 월트디즈니의 〈사막은 살아있다〉라는 영화의 한 장면이 떠올랐던 것이다. 사막 특유의 새털구름을 배경으로 하늘을 뚫을 듯이 높이 솟아오른 선인장, 그 위에 뚫린 구멍에서 한 마리의 새가 나와 유유히 사막 위를 나는 모습이 떠올랐던 것이다. 그 구멍은 매의 둥지였다. 바로 그것이다. 비록 모래와 바람과 구름이 사막의 그것은 아니다 할지라도 선인장에 둥지를 만들어 새를 넣고 베란다에 올려놓으면 그 배경에 구름이야 언제라도 있는 것 아니겠는가.

  기발한 발상에 혼자 놀라워하며 기뻐 어쩔 줄을 몰랐다. 누님께 한 봉우리 떼어 드려 움푹 파인 선인장 가지의 흉터 자리를 곱게 다듬어 나갔다. 영화에서 본 그 장면과 될 수 있으면 비슷하게 만들었다. 서서 보나 앉아서 보나 닮은 데가 있긴 있었다. 종려나무 둥치에서 머리카락 같은 보푸라기를 뜯어내어 둥지를 만들어 구멍에 넣어 주었다. 그물로 선인장을 원통형으로 둘러쳤다. 남은 일은 새를 넣는 일만 남았다. 십자매를 넣을 것인가, 금화조를. 망설이다 그래도 격이 좀 높은 금화조 한 쌍을 사다 넣었다.

  웬걸, 며칠이 지났는데도 새들은 구멍으로 들어갈 생각을 않는다. 유유히 나는 것은 고사하고 구멍에서 파르르 나와만 주어도 좋을 텐데 들어가야 나올 것 아닌가. 새의 생각과 내 생각에는 서울에서 사하라 사막까지의 거리만큼 멀고 먼 길이 있었다.

 날이 갈수록 선인장은 새들의 배설물로 희끗희끗 병들어 죽어 가는 늙은 감나무 몰골이 되었다. 원통형의 그물 안에 갇힌 선인장, 그 안에서 억지 춘향 놀음을 하고 있는 두 마리 새 아무리 보아도 실패작이 분명했다. 왜 나는 자주 이런 실패를 하는지 모르겠다.

 옳은 답을 일부러 피해 가듯 틀린 답만 골라내다가 열등생이 된 반증이 이런 데 있지 않을는지. 집에 오는 사람마다 한마디씩 한다. '어머나! 선인장에 쥐가 구멍을 팠네' 그럴 때마다 나는 속으로 '그것은 쥐가 아니라 인ㅅ쥐요!' 그러고 보니 내 성姓이 서 씨다. 쥐 서鼠자는 아니지만 사람들은 그렇게 말한다. 그 쥐구멍이라는 소리만 나의 귀에 들리지 않는다면 사막을 나는 새의 상상은 없었던 것으로 하련만 구멍이 남아있어 계속 듣고 싶지 않은 말을 듣게 된다.

나중에 안 사실이지만 양조養鳥는 생나무 구멍에는 잘 들어가질 않는단다. 정성을 다해 만들어 주었는데 자기 집 안으로 들어가 주지 않는 매정한 새에게도 문제는 조금 있는 줄로 안다. 그것을 쥐구멍으로 본 사람은 옳은 답을 얻었고 새 구멍으로 본 사람은 오답을 얻고 만 셈이다.

첫 번째의 만남, 첫 대화, 그리고 첫 번째의 우정과 사랑, 첫 경험은 나이와 관계없이 평생을 두고 부지불식간에 찾아오는 강물이런가.

늦은 팔월의 사건

 말복, 입추도 지났건만 아직도 노염이 불꽃을 피운다.

2023년은 기후 이변 탓인가 장대비, 소나기도 예전과 다르다. 지난날 겪어보지 못한 여름의 열기가 어찌나 대단한지 정신적, 육체적으로 전쟁에 지지 않으려 안간힘을 다하고 있다.

40여 년 공무원으로 재직하다가 퇴직한 친구에게 전화가 왔다. 우리 이렇게 더위와 씨름만 하고 있지 말고 우리 자신에게 선물을 주자며 충주 수안보 온천에 가서 힐링하고 오자는 제의다. 수안보 온천에 있는 상록수 호텔은 오랜 공직 생활을 한 사람에게 주는 특혜로 숙박비도 50% 할인해 주어 호감이 가기에 1박 2일 여행을 떠났다.

더위 탓인지? 출발 시간을 잘 선택한 탓인지? 대형 버스인데도 승객의 숫자 친구와 나 둘뿐이다. 큰 차를 전세 냈다며 쾌재를 불렀다. 기사 아저씨도 오늘 복을 탄 날이라고 축하한단다. 내리는 승객이 없으니 차도 밀리지 않고 신나게 달려서 도착 예정 시간보다 30분은 일찍 도착하겠노라는 기사님 말에 더욱 기뻐하고 있는 순간이었다. 그런데 그때 갑자기 눈을 비비며 자그마한 한 여인이 운전석으로 나타나 자기가 내릴 정류장을 왜 하차 해 주지 않았냐며 큰 소리로 항의를 한다.

 워낙 체구가 작아 자리가 텅텅 비었으니 더위에 열대야에 빼앗긴 잠을 보충하며 맨 뒷자리에서 꿀잠에 빠졌나 보다. 아 뿔 사! 잠에서 깨어나 보니 이를 어쩔 것인가? 기사도 친구와 나도 황당할 수밖에 없었다. 자기의 실수를 전혀 생각지 않고 운전하는 사람의 신경을 건드려 사고 날 것 같아 걱정스러웠다.

 팔월의 늦더위가 안겨준 이 현실을 누구 탓을 할 것인가! 운전사는 아무 말 없이 차를 돌려 왔던 길을 되돌아 가고 있었다. 한 사람의 승객을 위하여~

 친구와 나는 30분 일찍 도착하여 온천욕 하려는 기쁨에 젖어 있었던 기분은 다 사라지고 오히려 한 사람 때문에 달리던 차를 되돌려 다시 후퇴하니 30분 일찍 도착의 꿈은 사라지고 정반대로 1시간 반이나 늦게 도착했다. 더위 탓을 해야 할까? 승객의 실수? 기사 아저씨의 상황 판단 부족? 이 상황을 어찌하면 좋을까. 친구와 나는 참고 견딜 수밖에 별다른 도리가 없었다.

 이래서 새옹지마塞翁之馬라는 사자성어가 나왔는가 보다. 허허~ 하하~ 너털웃음 한번 크게 웃어 보았다. 팔월이 안겨준 사건 때문에! -(한국작가문학지)

보이는 것과 보지 못하는 것

 눈앞에 보이는 것만 가지고 사물이나 사람을 섣불리 판단하는 것은 잘못이라는 것을 살아가면서 깨닫게 되어 반성하면서 지낸다.

 요즘 가전제품을 다양하게 사용하다 보니 2~3개월에 한 번씩 방문하는 남성 사원으로부터 서비스를 받는다. 공기 청정기, 정수기, 비데, 의류 청정기 등

여러 해 지나다 보니 종전에 오던 사원이 바뀌어 새로 온 분은 첫인상부터가 눈에 보이는 것으론 여성임이 분명했다. 아주 작은 145cm 정도 신장에 이름은 김영희라, 덧버선까지 헤어스타일도 단발머리에 눈앞에 보이는 것으론 여성임을 부정을 할 수 없었다. 그런데 대화를 나누다 보니 음성의 톤이 남성이었다.

 육안으로 보이는 것만 가지고 여성으로 착각한 나의 경솔함을 어찌하랴!

옛날 어느 큰 절 앞에 법회 하는 날이면 아침 일찍부터 절 입구에 초라한 거지 한 사람이 구걸했다. 그 거지는 절을 찾아 들어가는 신도들을 향하여 한 푼만 보태달라고 사정을 하였지만 누구도 그를 거들떠 보지 않았다. 그렇게 오랜 시간이 흐르던 어느 때, 그 절에서 관음전 낙성식이 있는 날이었다. 그날은 새로운 주지스님이 소임을 받고 그 절로 온다는 소문이 파다했다.

　낙성식에 주지스님이 부임하는 날, 항상 절에서 구걸하던 거지가 법당 안으로 들어서자, 나가라고, 오늘은 큰 행사가 있다며 이구동성으로 큰소리치며 내쫓는 것이었다. 화를 내며 나가라고 고함치는 사람도 있었다. 이윽고 행사가 진행되는데 새로 오신다는 주지 스님은 보이지 않아 많은 신도가 술렁이기 시작할 때 거지 차림의 그 남자가 사람들 사이로 헤집고 앞으로 나가더니 법석에 앉는 것이 아닌가! 누가 저 사람 좀 끌어 내리라 고함치면서 장내는 아수라장이 되자 그 거지 행색한 사람이 법석에 앉아 요지부동 자세로 대중을 향해 한마디 던진다.

　"이 중에 참 불자 누구인가? 보시바라밀을 하는 자는 누구인가? 육지바라밀을 배운 자는 누구인가?" 차림새로 눈에 보이는 현상만으로 사람을 판단하면서 참사람 보는 지혜의 눈도 뜨지 못하는 사람들이 무슨 부처님 전에 공양 올리면서 복을 구한다는 말인가. 부처님께 절하면서 뭐, 뭐 잘 되게 해달라고 하는 것이 바로 부처님께 거래하자는 것이 아니고 무엇인가! 내가 오늘 찾아와 기도했으니 내가 소원하는 것을 들어 달라고, 부처님과 거래를 하려는 자가 어찌 불제자가 될 수 있겠는가! 나는 거의 달 포 가까이 이 절 일주문 앞에서 여러분에게 거지 행색을 하고 구걸해 보았지만 누구도 나에게 따뜻한 말 한마디, 그리고 돈 한 푼 내놓는 사람이 없었거늘 복 짓는 일도 하지 않으면서 무조건 부처님 전에 찾아와, 잘 되기만 해 달라고 하니 그것이 거래가 아니고 무엇인가. 부처님께서는 그런 조건부 거래를 하라고 하시는 게 아니라 살아오면서 전생부터 금생에 이르기까지 알게 모르게 쌓인 업보를 참회하라 하셨거늘 그 일을 내팽개치고 그냥 잘 되게 해달라고 해서는 불자가 아니라고 하자, 어떤 이는 울고, 어떤 이는 가슴을 치고, 어떤 이는 법당을 살며시 빠져나와 줄행랑을 치는 모습도 보였다.

 필자 자신도 외모와 조건으로 사람의 인격을 평하고 이기적인 삶을 살고 있는 것은 아닌지 성찰해 보는 계기가 되었다. 눈에 보이는 것만 보고 거지로 변장하고 춘향을 만나러 온 이몽룡의 모습을 보면서 춘향 어멈의 학대는 오랜 시간이 지난 지금도 많은 사람에게 회자되고 있는 것을 우리는 잊지 말아야 할 것이다.

 모든 생명은 하늘과 땅의 가운을 받아 살아가고 있다. 하늘의 기운은 코를 통해서 공기로 들어오고 땅의 기운은 입을 통해서 음식으로 들어와 생명을 유지하고 있는 것을 부인할 사람은 아무도 없다. 사람의 몸 안에 들어와 목숨을 살리고 날숨과 배설물로 나가 다시 하늘靈과 땅肉으로 돌아가는 자연의 이치에 공짜로 마시는 공기와 땅을 딛어야 설 수 있는 인간들은 햇볕을 받고 살고 있는 이 크디 큰 은혜에 감사해야 한다.

보이는 것과 보지 못하는 것은 유형有形 무형無形 일진데 무형의 거울을 맑게 닦아 무형심경無刑心鏡의 맑은 영혼으로 대인관계를 하여야 올바른 판단력이 생길 것이란 확신이 선다.

살인적인 늦더위가 계속되고 있는 요즘, 여름이 떠나가는 것이 아쉽다는 듯 매미의 절규가 처절하다. 유치원 공부를 마치고 돌아오는 아이를 마중 나가다 길에서 만나, 손잡고 오는데 열 체질을 타고난 '지우'(손녀 이름)는 더위를 이기기 어려워 어찌할 줄 모른다. 하여 아이스크림 상점에 들렀다. 이것저것 '지우'의 입맛에 맞는 얼음과자를 골라주느라, 오른손에 들고 있던 책을 냉장고 위에 놓았다.

'지우'는 아이스크림에 포장된 껍질을 빨리 벗겨 달라고 보채기에 그 뜻을 받아주느라 냉장고 위에 놓았던 책을 그만 깜빡 잊고 얼음과자만 사 들고 집으로 가는 길에 건널목 신호등에 걸려 기다리고 있는 순간 아 뿔 사! 아이스크림을 사느라 냉장고 위에 올려

놓았던 책을 잊고 왔다는 생각이 떠올랐다. 왔던 길을 되돌아가는 할머니를 보고 "왜 또다시 가요?" "으~응, 아이스크림을 고르느라고 책을 냉장고 위에 놓고 왔거든." "아~아 그래요? 할머니 책이 울고 있겠어요, 빨리 가요" 하며 '지우'는 종종걸음을 친다.

"책이 자기를 데리고 가 주지 않아 얼마나 슬퍼하고 있을까요?" 지우가 "책이 울고 있겠어요."라고 하는 말을 듣는 순간 발걸음이 뚝 멈춰진다. 아~ 사랑의 본능이란 이렇게 순수한 것인데! 책을 자기의 분신처럼 사랑하여 생명과 분리시키지 않는 맑은 영혼이 할미를 감동케 하는 예술 그 자체였다. 예술은 감동과 사랑을 주는 힘이라는 교훈을 가르쳐 준 계기가 되었다.

수필 계 대부 '금아 피천득' 선생은 딸 서영이를 미국으로 떠나보내고 마음을 잡을 수 없어 서영이가 갖고 놀던 난영(인형 이름)을 날마다 낯을 씻겨 주고 일주일에 한두 번 목욕도 시켜 주고 머리에 빗질하여 주었다고 한다. 여름이면 얇은 옷, 겨울이면 털옷을 갈아입혀 주고 음악도 들려준다고 전해 온다. 무생물인 인형을 사랑하는 딸 서영이를 대하듯 곁에 두고 재우며 자는 모습을 보면 마음이 평화로워진다고 했다. 인형에게서 숨소리가 들리는 것 같다고 함은, 필자 손녀가 "책이 울고 있어요" 하는 마음과 조금도 다르지 않음을 느낀다.

하여 '금아 피천득'님의 순진무구한 동심으로 살다가 간 선생의 글을 팬들은 사후死後에도 그리움 속에 오래도록 애독하나 보다. 무생물을 보는 시각이 살아 숨 쉬고 있는 생명과 동일선상에서 보는 아이의 때 묻지 않은 마음에 천보天寶를 얻은 기분이었다. 책, 돌멩이, 인형 등 모든 사물을 생명체로 보는 신선한 상상력이 경이롭다. 욕심과 거짓을 모르기에 저런 상상력이 생긴 것일까! 속세에 때 묻은 자신을 돌아보게 하여 부끄럽기 그지없는 반나절이었다.

님이 계신 산곡山谷

 유월의 광주廣州 산천 골짜기에는 햇빛을 받은 녹음들이 한층 우거져 가고 있었다.

 현충일을 맞아 문학단체의 한 일원으로 비목의 현장을 돌아보고 왔다. 조국의 산맥을 지키기 위해 장미꽃보다 더 짙은 피의 향기를 내뿜으며 스물다섯 젊은 나이에 원수의 총에 맞아 숨을 거둔 청년들! 죽었어도 칠십여 성상이 지났건만 말하고 있다. 침묵으로. 골짜기 가시덤불 속에 누워 있는 혼에게 구름과 바람도 따라 우는 듯싶었다. 그 청년들에게는 그리운 어머니, 아버지, 귀여운 동생들, 사랑하던 여인도 있었으련만 청춘의 봉우리도 다 피워보지 못하고 조국을 지키기 위해 숨진 얼룩진 땀방울을, 외로움을, 우린 필히 심심한 위로를 해 주어야 할 것이다.

 1950년, 6. 25일 초봄 필자는 초등학교에 갓 입학하여 학교 운동장에서 '나비야 나비야'란 노래를 부르며 춤추고 있을 때, 상공에서 굉음을 지르며 지나는 폭격기들에 몸을 움츠리고 있을 때 선생님은 빨리 지하로 숨으라고 엄명을 내렸다.

아무 영문도 모르는 우리는 엄명에 따를 수밖에. 그 후 오늘날까지 분단의 조국에서 총부리를 겨누며 살아가고 있는 현실을 어찌 이루 다 말할 수 있으랴!

지구상 어느 나라든 총부리를 거두고 평화로운 세상에서 살고 싶은 욕망은 누구나 다 가지고 있으련만, 이룰 수 있는 날은 언제쯤에나 올까!

두 손 모아 기도드린다. 신이시여! 전쟁 없는 세상에 살게 해주십사 하고. (현대작가회 2025년 가을호)

폭염 괴물 장맛 비 폭탄

 무더운 삼복염천三伏炎天에 연년생으로 두 아들을 출산했다.

더위를 이기지 못해 산후조리는커녕 냉수로 목욕을 하루에도 몇 번씩 하였다. 그 결과 얻은 것은 신경통, 산후풍의 선물을 받을 수밖에 없었으니 산모의 몸이 온전할 수 있었겠는가!

  어른들은 먼 훗날 나이 들면 고생할 거라고 걱정을 했지만 젊은 날은 철부지 하여 우선 폭염을 못 참아 냉수욕이 최고였다. 하여 그 젊은 날의 과오로 현재는 에어컨 옆에도 못 가는 형벌을 받고 있다. 요즘은 산후조리원이 있어 산모의 건강관리를 잘해주는데 왜 아이를 낳지 않는지 결혼조차 거부하는 젊은이들이 이해되지 않는다.

  금년은 윤년의 해라, 아직 학생들 여름방학도 멀었건만 6월부터 시작한 더위가 칠월 초에는 평년의 삼복더위를 능가한 폭염이 열대야를 동반하여 깊은 잠을 이루지 못하게 하여 뒤척거린다.

60년 만의 폭염인데다가 무서운 장맛비가 폭탄처럼 쏟아져 전국적으로 많은 수재민이 생활 거처를 잃고 학교 강당에서 지내고 있는 현장을 보고 있노라면 내 개인의 신경통 고통이야 조족지혈이다.

오늘은 2025년 초복인데 중복, 말복을 지나 8월 15일쯤이면 폭염이 한걸음 물러서는 관례를 깨고 금년에는 삼복이 40일이나 된다니 자연의 이치에 순응하면서 건강관리를 잘해야 하리라. 무서운 장맛비 폭탄을 맞은 이재민들에게 심심한 위로를 전하고 싶다. 전 국민이 십시일반 성금을 모아 이재민에게 적은 도움이라도 되었으면 좋겠다. IMF 때 금 모으기 운동으로 어린아이 돌 반지부터 시작하여 온 국민이 힘을 합쳐 이겨낸 사례를 상기하며 도와야 할 것이다.

해인사

향토사학회 주최로 몇 달 전 합천 해인사를 답사하고 왔다. 해인사 기둥에 걸어 놓은 글 판에는 원각도량하처圓覺度量何處란 글이 새겨져 있다. '깨달음의 도량 즉 행복한 세상은 어디인가' 란 뜻이다. 그 질문에 대한 답은 맞으면 기중에 현금생사즉시現今生死卽時 당신의 생사가 있고 당신의 발 딛고 있는 지금이다. 지금 살고 있는 이 순간, 이곳에 충실 하라는 뜻이다.

인생의 중요한 것은 무엇보다도 지금now, present와 여기임을 제삼 각인시켜준다.

깊은 산속 가야산 계곡에서 흘러 내려오는 맑은 물은 명경지수가 따로 없지 싶다. '산은 산이요. 물은 물이다'는 성철 스님의 법어가 평범한 듯 비범함을 느끼며 사색의 길을 걷다 보니 세계문화유산이라 새겨진 커다란 자연석 앞에 닿아 학회회원들과 인증 샷도 한컷 찍어 추억의 앨범을 남긴 하루였다. 사람은 한시도 자연을 떠나서는 살 수 없는 삶이면서도 맑은 물과 신선한 공기를 공짜로 제공해 주시는 천혜에 새삼스레 고개 숙여 감사드린다. 평소에 느끼려 하지 않았던 감성이 되살아나는 것은 '천지무언天地無言이나 대은덕생大恩德生'이란 성스러운 가르치심 때문이다.

'청산유수만리거靑山流水萬里去 도덕광명우주등道德光明宇宙燈'이란 교훈을 가슴 깊이 새겨두어 실천하도록 노력하리라 다짐해 본다.

"물과 같이 마음을 가진다면 너의 뜻을 이루느니라"

사랑하던 사람과 헤어진 후 같이 있을 때가 얼마나 Happiness한 시절이었던 것을 지나고 난 후에 삶을 뒤돌아보면서야 절절히 느끼는 더딘 지각.
　힘들고 고통스러운 지난날들도 이제 와 뒤돌아보니 쓸쓸한 한토막 추억이 된 것을 몰랐네. 불행했던 순간들도 견뎌내고 보니 행복의 밑거름이 되어 있었던 것을 정말 몰랐네.

3

지나온 삶을 뒤돌아 보니

뇌지雷芝의 화심花心-1
벚꽃 무희
우리집 자귀나무
성미산-1
윤달의 의미
지나온 삶을 뒤돌아 보니
시니어의 일상日常
고행의 길
구슬픈 8월의 여운
가계부
평화의 댐
천년보고千年寶庫

뇌지雷芝의 화심花心-1

'뇌지'는 수련과의 다년생 수초다. 여러해살이 물풀로 연蓮을 달리 이르는 말이다. 둥근 방패의 잎으로 연화 부용 수단화 우화 하화 만다라라고 부르기도 한다. 혼탁한 물에 살면서도 그 체내에는 악취나 유해균이 없다. 깨끗한 물로 온몸이 구성되어 있어 경이롭기까지 하다. 청초하고 해맑은 아름다움을 발산하는 뇌지는 더러운 물이나 웅덩이에서도 오염됨 없는 맑고 고결한 자태가 내 맘을 사로잡는다.

필자가 처음으로 뇌지에 애정을 갖고 관망하게 된 곳은 충북 진천은 행정정마을 어느 후미진 연못이다. 그때 나는 순진무구함을 추구하며 스스로 청순하다고 자처하던 시절. 교직자의 이름표를 달고 부푼 꿈에 젖어 처음으로 부임했던 곳에 있는 연못이다. 그곳은 아주 깊은 두메산골도 아니었는데, 그때 그곳엔 전기시설이 되어 있질 않았다. 밤이면 호롱불을 밝혀 책을 읽고 공부하던 시절이었다. 도회지에서 태어나 어린 시절 별로 벽촌생활을 해 보

지 않았던 필자는 그곳 농촌 생활의 생리에 잘 적응하지 못해 무척 애를 먹었다. 식성이 까다롭고 비위가 약했던 탓으로 저녁 공부 시간에 등잔불에서 연소되는 등유의 그을림과 메스꺼운 냄새가 실내에 배어 있어, 유난히도 그 냄새를 싫어했다. 그 냄새를 심하게 느꼈던 날은 메스꺼움 때문에 끼니를 거르는 날이 많았다.

어두움이 싫어서 어쩌다 호롱불 심지를 약하게 밝혀 놓고 자고 난 아침엔, 콧구멍에 스며든 시커먼 매연으로 연탄 배달부의 콧등이 되어 울상을 짓곤 했다. 전기시설이 없어 이 모양이니 기타 제반 생활 여건이야 일일이 말해 무엇 하랴!

  요즈음이야 난방시스템이 잘 되어 있어 가스, 아니면 전기나 기름보일러 시설이지만 그때에는 연탄 아궁이가 최신식 시설이었다. 하지만 그곳엔 연탄 아궁이는 꿈과 희망의 세계일 뿐이었다. 볏짚단과 산에서 끌어모은 낙엽과 솔가지가 유일한 난방용 연료와 조리용 땔감이었다.

  깊은 겨울눈이 쌓여 낙엽과 솔가지들을 미처 비축해 두지 못했을 때는 벼를 탈곡하면서 벗겨 낸 왕겨를 풍무기를 한 손으로 돌려 눈 뿌리듯 왕겨(벼 껍질)를 아궁이에 집어 던져 밥을 짓고 난방을 한다. 이러하니 의식주 모든 면에서 필자의 생리하고는 너무도 거리가 멀었다. 어느 날 아침 깜빡 늦잠이 들어 기상 시간이 평소보다 많이 늦었다. 시간에 쫓겨 밥을 하느라 왼손으로는 아궁이에 왕겨를 던지고 오른손으로는 풍무기를 돌렸다. 마음이 급한 나머지 왕겨는 집어 던지지도 않고 오른손으로 바람개비 풍무기만 세차게 돌렸더니 아궁이 속 불길이 불쑥 밖으로 튀어나와 앞으로 흘러내린 머리카락을 모조리 곱슬머리 모양으로 태워 버렸다. 그나마 다행인 것은 안면엔 가벼운 화상만 입은 일이다. 이런저런 일들로 하여 마음이 울적해지면 찾아가 위로받을 수 있는 유일한 곳이 들녘 후미진 곳에 있는 연꽃 연못이었다.

까닭 모를 슬픔과 그리움이 물밀듯 밀려오면 나의 외로움을 달래 주던 그곳, 비바람이 몰아치고 오만 벌레들이 넘나드는 그 흙탕물 속에서도 해맑게 피어 있는 연꽃은 나에게 한량없는 기쁨과 위로와 깨달음을 주었다.

뇌지는 높이 오르려 하지도 않고 평지보다 나지막한 연못에 내려앉아 그것도 구정물 고인 물 맑은 물을 타령하지도 않고 그저 그곳에 묵묵히 떠 있으며 나의 괴로운 마음을 정화시켜 주곤 했다. 그리고 주변 환경의 더러움에 오염되지 않는 자신의 자태로써 필자에게 자각自覺의 시간을 주기도 했다. 깨달았으면 더 이상 오염의 대상이 되지 말라고 타이르는 것만 같았다. 무심코 연蓮 줄기 하나를 잘라 보았더니 그 성분이 전혀 오수汚水가 아닌 것에 더욱 놀라곤 했다. 어쩌면 이럴 수가? 신기한 식물에 동화되어 심란心亂했던 마음에 평온을 얻고 처소로 돌아오던 때가 한두 번이 아니었다.

뇌지는 그 생체에서 좋은 물질로 변환시켜 흡수케 하는 표피의 움직임이 활발한 생물이라는 것을 그 후로 알게 되었다. 자연계의 조화시스템으로 이 화학작용의 힘을 창조하신 조물주의 위대함에 탄성을 올렸다. 한 잎 한 잎마다 상常 낙樂 아我 정淨 네 가지 성품을 두루 갖춘 뇌지에 감탄하곤 했다.

연꽃의 종류는 청련화 홍련화 황련화 백련화 등이 있다. 색깔마다 특성을 지닌 연꽃은 아름다운 자태로 사람들의 시야를 즐겁게 해 주는 것은 물론, 연꽃에는 씨방이 있어 씨앗을 얻을 수 있을 뿐만 아니라, 그 뿌리는 좋은 약효가 있어 인체에 도움을 준다. 연근蓮根 또한 조림용 부식으로 학생들 도시락 반찬으로 사랑받기도 한다. 열매는 연밥이라 하여 한방에서 약재로 쓰이기도 한다.

영지靈芝 운지雲芝버섯과 함께 뇌지雷芝 또한 인체에 양약이 된다는 새로운 사실을 알았다.

연꽃이 소담스럽게 피어나는 계절은 7, 8월이다. 다른 꽃의 아름다움과는 달리 수려함과 고결함을 지니고 있어 가난한 필자의 마음을 살찌워 주는 뇌지는 수만 번을 예찬해도 모자랄 것 같다.

사진작가들은 안개 속에 핀 연꽃 비속에 핀 연꽃 일출에 피는 연꽃 등 여러 각도로 표현하지만 일출 후 2시간 내의 작품이 좋다고 한다.

이는 빛에 의한 역광을 잘 조화시키기 때문. 얼음 속에 묻혀 있는 연蓮을 촬영하여 성공작이 되면 그 환희는 이루 다 말할 수 없다고 포토그래퍼들은 말한다.

　세계 최대규모의 백련 일색 저수지가 전라남도 무안 복용리에 회산 연꽃 방죽이 있다는 것을 최근에 알았다. 내년 여름에는 시간을 내서 꼭 다녀올까 한다.
필자는 연꽃 하면 머리에 떠오르는 불교의 세계가 있다. 불자는 아니면서도 불교의 심오한 진리를 사랑한다. 룸비니 동산에서 마야부인의 오른쪽 옆구리로 탄생한 석가모니는 사방으로 일곱 걸음을 걸어가자 떼어 놓은 걸음마다 연꽃이 피어났다고 한다. 흰 연꽃인 '분다리'는 부처님을 뜻하고, 푸른 연꽃인 '우담발라'는 부처님의 눈 붉은 연꽃인 '파두마'는 부처님의 손과 발을 나타내기도 한다.
　연꽃의 봉오리는 청정을, 활짝 핀 꽃은 기쁨과 성불을, 연밥이 드러난 지고 있는 꽃은 진리를 상징한다고 불가에서는 전해온다.
　불가의 열 가지 즐거움十樂 중의 하나인 연화蓮花 초개락初開樂은 연꽃에 쌓여 극락세계에 왕생한 수행자가 그 연꽃이 필적에는 마치 소경이 처음으로 눈을 뜨는 것같이 기쁘기가 한량없음을 나타낸다고 전해온다. 효녀 심청이도 공양미 삼백 석에 팔려 갔지만 인당수 연꽃에 떠 왕궁에 도달하고 아버지 심봉사의 눈을 뜨게 하기까지 미처 모르고 있던 사실들이 연꽃의 상징성과 관련된 게 많다는 것을 알게 되었다.

내가 나환자의 상처를 씻어 줄 때, 자신이 그들을 돌보아 주는 것은 마치 하느님을 돌보아드리는 듯한 느낌을 갖는다는 테레사 수녀의 말씀을 들을 때도 나는 제일 먼저 연꽃이 영상으로 떠올랐다. 그것은 아마도 흙탕물 속에서도 오염되지 않는 연꽃의 모습이 테레사 님의 성스러운 모습처럼 보였기 때문이다.

세속을 초월한 성녀의 넉넉한 자비심과 청빈한 모습을 닮은 연꽃의 생리생태는 혈육지간의 관계로 말하라고 한다면 자매간이라고 할까!

모든 삶이 본래 청정한 자성을 간직하라고 태어났음을 가르쳐 주는 연꽃이다. 뇌지는 상정凄艶 개화즉과開花卽果 우아고결優雅高潔을 지닌 특성으로 하여 불법의 깨달음에 화두로, 불국정토의 영원한 상징화가 되었는지도 모른다. 연꽃의 원산지는 이집트와 인도로 불교와는 뗄 내야 뗄 수 없는 깊은 관계에 있는 꽃이다. 활짝 핀 연꽃을 들고 계시는 것은 불성이 드러나 성불한 뜻이요, 연꽃의 봉우리를 들고 계시는 것은 번뇌에 물들지 아니하고 성불한다는 뜻이요, 관음보살이 왼손에 연꽃을 들고 계시는 것은 성불의 표시라고 전해온다. 이리하여 동양의 정신 문화에 많은 영향을 미치는 존중의 꽃이다. 우리나라에서 연꽃이 많이 피는 곳은 전주

덕진 공원과 양평 양수리에도 있다.

어린 시절, 풍류객인 아버지를 따라 내 고향 전주에서 남원골로 아무 의미도 모른 채 그저 출랑거리고 따라다니던 시절이 아련히 그리움으로 다가온다.

 성년이 되어 은행정 마을에서 다시 만난 연꽃은 많은 깨달음과 기쁨을 안겨주어 이제는 내 가슴에 스승의 자리로 머물러 있다.

 미물인 식물이 꽃으로 열매로 뿌리로 인간의 심신心身 문화에 이익을 주는 것 또한 드문 일이다. 꽃과 잎이 위로 오른 것을 양 련, 밑으로 쳐져 내린 꽃을 수련, 오그리거나 펼친 상태의 것을 파련 이라 하고, 평면식으로 꽃잎이 오그라든 상태가 된 것을 웅련 이라 이름하는 이 뇌지雷芝!

 나는 오늘 마음속에 연인처럼 짝사랑하며 흠모해 오던 이 꽃에 관해서 쓰고 있는 이 순간 진정한 충만감과 행복감을 느낀다.

 봄에는 라일락, 여름에는 연꽃, 가을에는 국화, 겨울에는 눈 속에 피어나는 매화를 좋아하는 필자는 자연 님의 품 안에 안긴 행복한 애인이다.

 물질만능주의 배금주의 기회주의, 끝 간 데 모르는 이기주의에 물들어 가고 있는 오늘의 우리 현실에서 남보다 덜 소유하고 있지만 흙탕물에서도 오염되지 않는 연꽃의 자비로움에 감동하는 생활인이 되고 싶다.

연蓮

"몸은 비록 갯벌에 담아도
 뜻은 늘 하늘에 두었다
멀리 교신을 위해
안테나 잎을 올렸다
해와 달 무시로 돌며
그를 지킨 봄이여"

벚꽃 무희

엊그제 꽃봉오리 품고 있더니
어느새 성숙하여 연분홍 잎 새가 만발하였네.
바람 따라 춤추는 벚꽃 무희!
벌 나비 되어서 하늘 높이 날아다니네.

누군가는 천사되어 날아다닌다고 하고
누구는 꽃비가 내린다고 하네.
나는 벌 나비 되어 춤춘다고 하고 싶네.

누군가의 눈에는 천사
누군가의 눈에는 꽃비
누군가의 눈에는 벌 나비
표현도 다양하네

세찬 비 한 번 내리면 그리 곱던 자태는 간 곳이 없을 터
어찌하여 아름다운 꽃들은 아쉽게도 이렇듯 수명이 짧을까!
개나리 목련 벚꽃 등 고운 자태 감추는 안타까운 맘 달래며
이렇게라도 써서 남겨 보네

우리 집 자귀나무

 여름이 한창인 8월 어느 날 오후 현관을 나서다 무심코 뜰에 심어진 자귀나무에 눈길이 멎었다. 파란 하늘에 두둥실 떠 있는 구름을 배경으로 서 있는 나무에 바람이 불어왔음인지 작은 잎들이 파르르 떨고 있다. 잔물결이 고운 무늬를 이룬다.

 나는 갑자기 상기된 감동으로 전율 같은 것을 느낀다. 바로 옆에 서 있는 라일락 나무의 잎은 까딱하지 않고 묵묵히 서 있는데 미진微震을 감지한 곤충의 촉각처럼 혼자서만 떨고 있다. 유형이 무형이요 무형이 유형임일까! 무형이 유형으로 화하는 소리 없는 소리를 듣는다. 외출하려던 길을 잠깐 뒤로 하고 나무 밑으로 가서 서성거려 본다. 떠는 잎 사이로 햇빛이 내려와 바닥에 그림자를 드리우는데 내려가 보니 잔 개미가 기어가듯 거기에 사르르 가을이 지나고 있지 않은가. 이것이 나를 불러 나무 아래로 오게 하였구나. 하늘에는 여름의 태양이 빛나고 있건만 그림자는 가을을 더

듣고 있다. 아니, 이미 가을이다.

나는 계절을 곧잘 앞당겨 느끼곤 한다. 추수가 끝난 황량한 들판에 불어오는 바람에서 느끼는 가을을 절대 감각이라고 한다면 도시의 한복판에서 여름도 가기 전에 느껴지는 성급한 가을은 유추 계절 감각쯤으로 불러도 될까! 오늘은 자귀나무 아래서 그것도 여름의 한복판에서 가을을 본다.

  한 계절에 두 계절을 사는 느낌은 늘 바쁘다. 봄에는 여름을 여름에는 가을을 느낀다. 여름에 가을을 일찍 경험하고 나면 차라리 가을이 오면 마음이 편하다. 초조하거나 바쁘지도 않다.

  계절병은 그 계절 안으로 들어가면 자연 치유되는 변덕스러운 병이다. 자귀나무 잎이 더위에 오한으로 떨고 있는 까닭은 머지않아 처서가 오기 때문이리라. 부챗살 모양으로 퍼진 잎 손 하나에 또 다른 작은 잎들이 일정한 간격으로 촘촘히 붙어 있다. 초여름부터 피기 시작했던 꽃은 어느 사이에 다 지고 마지막 한두 송이가 낮은 가지에 나비처럼 앉아 있다.

  어둠에서 빛을 보듯 소중해 보인다. 수백 수천 송이의 연분홍 꽃이 6월부터 7월까지 나누어 피고 진다. 꽃은 역삼각형으로 공작의 정수리에 돋아 있는 볏 같지만, 그보다는 숱이 많고 더욱 섬세하다. 잎의 생김새가 그러했듯이 꽃 또한 꽃받침은 흔적만 있고 꽃잎이 없는 꽃술로만 이루어진 기이한 꽃이다. 나뭇가지가 조금만 흔들려도 잎은 파랑을 타고 긴 꽃대 위의 꽃은 높은 파도를 탄다. 그러니 비바람이 몰아치는 밤에는 꽃술이 서로 엉켜 함몰하여 내일의 영화를 미련 없이 버린다.

 꽃이 만개한 날 바람에 살랑살랑 가지가 흔들리면 그 움직이는 형상이란 흡사 달무리 속으로 줄지어 날아가는 기러기 떼 같다. 가지는 길어 연약하고 꽃은 가녀려, 각자 외로워서일까! 우주의 한 품 안에서 살아 숨 쉬는 우리는 모양과 삶의 방법이 다를지라도 대자연의 질서 앞에는 한 수반 위에 뜬 부평초가 아닐는지!

 계절을 잃어 두어 송이 꽃 여름꽃이 피었으되 가을이요, 가을 나무가 있되 겨울이다. 그리고 그 자리가 봄이다. 여름꽃 한 송이에 사계절이 있음을 본다.

 십수 년 전 이 집으로 이사 올 때 지금 이 자귀나무 자리에는 덩굴장미가 심어져 있었다. 대문 옆에 심어진 해묵은 덩굴장미는 담장을 타고 길게 뻗어 가며 꽃을 피우고 있었다. 그러던 것이 이듬해 움이 트기 시작하면서 시름시름 앓더니 잎도 피우지 못하고 고사枯死하고 말았다. 혹시나 하며 한해를 기다려 보았다. 허사였다. 캐어보니 뿌리가 웃자란 무통만큼 큰데, 그 뿌리가 깊이 썩어 있었다. 거름으로 생선 찌꺼기를 나무 밑에 묻어 두었는데 그것을 파먹기 위하여 쥐들이 뚫어 놓은 구멍을 겨울 한파寒波가 스며들어 뿌리가 얼었던 모양이다.

  그 자리에 다시 장미를 심을까 하다가 한 번 죽은 나무 자리에는 같은 나무를 심지 않는다는 말이 생각나 공터로 남겨 두었다.

  우리 동네에는 덩굴장미가 없는 집이 거의 없다. 너덧 집 건너에 있는 어느 집 안에는 덩굴장미와 다른 나무들로 가득 차 있었다. 그중에서 나의 눈길을 끄는 나무가 한 그루 있었다. 아름드리나무가 대문 안쪽에 우뚝 서 있다. 자귀나무다. 그 집 앞을 오며 가며 '우리 집에도 저 나무가 한 그루 있었으면' 하고 생각한 적이 있었다.

  다음 해 봄날 아침 지난가을에 쓸다 남은 낙엽을 긁어모으다 보니 바윗돌 틈에 이름 모를 싹이 콩나물만 하게 돋아나 있었다. 잡초이리라 여기며 뽑아 버릴까 생각하다 일년초는 아닌듯하여 죽고 없는 덩굴장미 자리에 옮겨 심었다. '자라서 무엇이 되는지 보자' 하고서.

  여름이 되니 고추 모종만 하게 자랐다. 더 자라면 무엇이 될듯하여 식물도감을 뒤져보니 자귀나무라 되어 있다. 우리나라 황해도 이남의 산이나 들에 나며 높이는 5미터 정도로 6, 7월에 실 같은 붉은 꽃을 아름답게 피워낸다고 되어 있다.

  자귀는 그 잎이 아침에는 활짝 폈다 저녁이 되면 오므라든다. 건드리면 수줍어하는 미모사 같다. 다른 나무들에 비하여 아침과 저녁을 분명히 가르며 살아가고 있다. 비가 오는 날은 해가 중천에 떠도 대낮이지만 어둡다. 그런 날에도 용케도 알고 잎을 편다. 그런가 하면 하루 종일 어두운 날도 저녁이 되어야 잎만을 접는다. 자귀나무 옆에는 담을 사이에 두고 가로등이 서 있다. 밤이 되어 가로등을 켜면 주위가 낮처럼 밝다. 그래도 속지 않고 아침을 기다렸다가 핀다.

나무가 실오라기 같은 바람에도 놀람은 타고난 천성일까! 아침저녁 열고 닫는 잎의 지각을 모르고서는 자귀를 안다고 할 수 없을 것 같다.

'저런 나무가 한 그루 있었으면 하는 마음을 헤아리기나 한 듯 바람 타고 살며시 찾아왔으니 생성장멸生成長滅의 뜻이 구름과 하늘과 바람결에 숨어 있음을 알게 한다. 도시의 하늘에서 별은 사라졌다고 하지만 어느 잠 안 오는 날 밤에 살며시 일어나 창밖을 보면 문화와 문명의 티끌 사이로 그래도 별은 빛나고 있다.

산이나 들에 나서 살기를 좋아하는 자귀나무는 자기들의 영토를 사람들에게 잠식당했을지라도 종족번식을 포기하지 않고 빼앗긴 땅을 복고하려는 끈질긴 야성이 공해 사이로 보이는 별처럼 돋보인다.

성미산-1

마포구에 자리 잡은 이 산은 그리 높지 않은 자그마한 것들이 옹기종기 모여 있는 것이 특징이다. 성미산은 합정동. 망원. 서교. 동교. 연희. 성산. 연남동 등 마을 주민들의 쉼터. 근린공원도 잘 꾸며져 있어 오가는 사람의 발길이 끊이질 않는다. 사시사철 자연의 변화를 느끼며 즐겁게 운동할 수 있는 다목적 야외 헬스기구가 있고 체육관도 있어 건강 지킴이가 되기에 모자람이 없는 곳. 더욱이 불교 조계종 성림사도 있어 정신 수련하기에도 좋은 곳이다.

우리 집은 성미산 5안길에 자리 잡고 있다. 은평구에서 사십오 년 가까이 살다 이곳에 터를 옮긴 것도 바로 집 뒤에 산이 있어서였다. 일찍이 공자님은 '인자요산仁者樂山이요 지자요수知子樂水'라 했다. 나는 어진 사람도 못 되지만 산이 좋다. 젊은 날은 남편 직장 따라 이곳저곳 항구도시 해안가에서 오래 살았다. 어찌 보면 물을 더 좋아할 것 같지만 산이 훨씬 더 좋다. 내가 살고 있는 아파트에서 5~10분만 걸어가면 성미산 우거진 숲속 품에 안기게 되어 있어 참 좋다. 오전 5~6시쯤 잠에서 깨어나자마자 준비운동 후 산책길에 오른다. 겨울철이면 눈발이 소나무에 반사되어 어스름한 푸른빛이 눈을 맑게 해 준다. 공기는 신선하여 사뭇 달고 맛있다. 공해로 찌든 도심 속에서도 이곳 산속 공기가 이렇게 맛있을 수 있을까! 자연이 베풀어 주는 은혜에 감동하여 절로 고개 숙여진다. 한발 두발 내디디며 자신의 깊숙한 내면과 만나 명상하는 산책길은 어린아이처럼 순수해지는 나를 만나게 되어 진솔한 행복감을 느껴, 마음 부자가 된다.

한참을 숨 가쁘게 올라 큰 소나무에 기대어 왼쪽으로 시선을 돌리면 도시의 네온사인 불빛이 휘황찬란하다. 다시 눈을 돌려 오른쪽을 보면 푸른 소나무 숲이 울창하다. 도시와 자연이 공존 공생하고 있는 새벽 6시 성미산의 풍경은 아름답다는 말보다는 경이롭다는 표현이 더 맞을 듯 싶다. 밤사이 내린 이슬이 살얼음이 되어 크리스마스트리처럼 반짝이면 어떤 날은 나도 모르게 탄성을 지를 때가 있다. 자연은 만 권의 책보다 우리에게 많은 것을 가르친다는 '생텍쥐페리'의 말을 실감하면서 말이다.

세상은 최순실 게이트로 어지러운 현실~ 바람 부는 촛불시위에서 벗어나 순결한 자연의 품에 안기면 혹시 마법의 세계로 잘못 들어서지나 않았나 하는 착각이 들 때도 있다.

성미산은 동네 뒷산 같은 험하지 않은 곳인데도 약수터도 있고 구청 녹지과에서 여러 곳으로 길을 잘 만들어 주어 좋다. 각 동네로 통하는 갈래 길이 많아 길을 잘못 들었나 싶어 우왕좌왕할 때도 당황하던 마음을 추스르면 다시 새로운 길이 나와 사방팔방으로 통하게 해 준다. 우리의 인생길도 잘못 들었다 싶으면 상황에 압도되지 말고 바로 그 수렁에서 빠져나와 여러 삶이 어우러지는 길로 뚜벅뚜벅 꾸준하게 걷다 보면 상상하지 않았던 새로운 길이 기다리고 있음을 체험한 바 많아 해보는 얘기다. 그러려면 영혼을 맑게 하는 주문을 암송하면서 마음의 안정과 고요를 찾아야 한다. 불안한 마음으론 일이 잘 풀리지 않기 때문이다.

여명의 빛이 사라지면 1부 2부로 나누어 운동하고 내려오는 산우들이 왁자지껄 수다스러움이 한창이다. 건강미 넘치는 체력단련이 성미산에 남겨주는 인간의 다양한 빛깔이다.

앙상한 겨울 나뭇가지들과 푸른 소나무들이 어우러져 하모니를 이루는 성미산에서 아침 운동을 하고 집으로 향하는 발걸음은 가볍다. 인생은 우주의 사계절과 같은 것. 봄이 오면 나무들은 또다시 싹을 틔우고 푸른 생명이 숨 쉴 것을 상상하면 어린아이처럼 가슴이 뛰어 설렌다.

'흐르는 시간을 햇빛에 말리면 역사가 되고 달빛에 말리면 신화가 된다, 는 말이 있다. 내 인생의 맑고 밝은 역사를 남기려면 밤낮 가리지 말고 신화의 세계를 향해 더 열심히 몸과 마음을 개척하는데 게으름 피우지 말아야 하리라 다짐해 본다.

윤달의 의미

 2025년 여름은 태어나서 이 나이 먹도록 처음 느껴보는 폭염의 연속인 나날이다. 기상 관측 사상 174년 만에 있는 폭염이라서 온열 환자가 급증하고 있다니 어쩌면 좋을까! 평년에 관례로는 8월 15일이 지나면 해수욕장도 서서히 폐장하는 상태였건만 금년엔 처서의 절기가 지나도 삼복염천을 방불케 하는 더위가 35°~40°로 사람의 체온을 훌쩍 넘는 상황에, 열대야까지 겹쳐 숙면을 취하지 못하는 상황을 어찌하면 좋을까!

우리나라 달력은 음력과 양력을 같이 사용하고 있으므로 음력 달력에는 윤달이 있으며 지난 7월 25일이 윤閏유월 초하루를 시작으로 8월 22일까지나 윤달이다. 2025년은 특별한 해로 음력이 양력 1월 29일부터 2026년 2월 16일까지라서 입춘 절기가 두 번이나 들어있는 보기 드문 쌍 춘 년의 해이기도 하다고 전해온다. 21세기 최초로 광복절이 윤달이 포함되어 있어 역사적 의미가 큰

해이기도 하다는 천문 연구원 '김효진' 박사는 윤달은 음력과 양력 간 오류를 조정하는 안전판이라 하여 음력 달력의 빈 공간은 보름달이 없는 달이기도 하다는 설명이다. 윤달을 하늘과 땅의 시차를 맞추는 정밀한 천문계산의 결과물이다. 태음력 354일과 태양력 365일의 11일 격차가 누적되면서 약 2~3년마다 한 달이 모자라게 되는데 이때 24절기 중 홀수 절기(입춘, 춘분, 하지, 추분 등) 절기가 들어 있지 않은 달은 윤달로 지정해 오고 있다.

"윤달은 안전판 같은 역할을 한다"고 전문 연구원 김효진 박사는 해석하고 있다. 윤달에 매장된 조상의 산소를 파묘하고 장묘질서를 재정비하는 것은 결코 미신이 아니라 상징적인 절호의 기회라고나 할까. 양력과 음력의 균형을 맞춘 덕분에 설 달과 추석이, 계절과 어긋나는 일이 없으며 윤달 기간에는 보름달이 뜨지 않아 '하늘도 쉬는 달'이란 별칭이 생겨 '하늘이 내린 보너스달'이라고 전해온다.

올해 추석은 윤달이 있어 10월 7일로 예년보다 늦은 편이다. 많은 사람은 윤달에 태어난 아이들의 생일을 특별한 대우와 관심을 가지는 경우가 많았다.

우리 문화에서 윤달은 잡기와 부정이 없다고 믿어, 주요 행사니, 개장, 이사하는 날을 잡는 등 부정적인 생각보다는 긍정적인 기운이 일어나는 달로 여겨왔기 때문이다.

음력과 양력, 입춘과 윤달이 만들어 낸 전통과 현대를 어우르는 특별한 순간들을 통해 우리네 삶을 풍요롭게 하고, 보다 나은 의미 있는 시간을 만드는 생활인이 되는 것이 현명한 처세라고 본다.

이 글을 쓰면서 대자연의 섭리에 새삼스레 경이로움을 느낀다.

사람은 자연에서 왔다가 자연으로 돌아가는, 재언하자면 흙에서 왔다가 흙으로 돌아가는 인생인인 고로 자연의 이치에 순응하며 생활하는 자세가 건강을 유지하는 비결이라고 믿는다. 자연 현상을 거스르고 자기만의 욕심과 이기심으로 살아가다 보면 건강도 헤치고 불운의 삶을 자처하는 것이므로 깊은 수양심을 길러 자신의 삶을 즐기며 해피한 생활을 하는 것이 이생에 태어나게 해주신 조상의 은덕에 보답하는 길임을 부인할 수 없음이다.

지나온 삶을 뒤 돌아보니

 어찌 그리 지각知覺이 더뎠는지 모르겠네.

나이 들어 퇴행성관절염으로 병원 치료를 받노라면 하늘나라에 계신 어머니께 고개 숙여 진심 다 해 사죄하네.

무릎이 변형되어서 통나무처럼 딱딱하게 통통 부은 그 모습을 보면서도 연륜이 깊어져서 노화되어 가는 자연현상을 어쩌겠냐며 진심을 다하지 못하고 아픔을 예사로 여겼네, 용돈 몇 닢 드리고 연고, 파스, 약 드리는 걸로 효도를 다 한 양 지각없던 내 모습을 인제 와서 후회한들 무슨 소용이 있겠나! 그보다 더 좋은 건 아픔을 같이하며 비 맞으며 걸어주는 것이어야 했건만 인제 와서 자책한들~ '너도 내 나이 돼 봐라' 하시던 말씀도 예사롭게 흘려 넘긴 과오! 하염없이 뜨거운 눈물만 비 오듯 흘러내리네.

배고파 보면 일상에 먹던 밥이 얼마나 소중하다는 것을, 갈증이 날 때 마시는 생수가 최고의 보약인 것을, 할 일이 없이 빈둥거리고 시간이 더디 가서 지루할 때면 바쁜 일상이 있다는 것이 얼마나 행복하다는 것을, 아파서 끙끙거리며 이리저리 뒤척이며 잠 못 이룰 때면 건강이 얼마나 소중하다는 것을, 내가 귀히 여기던 것을 잃어버리고 난 후에야 잘 보관하지 못한 것을 후회한들 무슨 소용이 있으랴!

사랑하던 사람과 헤어진 후 같이 있을 때가 얼마나 Happiness한 시절이었던 것을 지나고 난 삶을 뒤돌아보면서야 절절히 느끼는 더딘 지각.

힘들고 고통스러운 지난날들도 이제 와 뒤돌아보니 쓸쓸한 한 토막 추억이 된 것을 몰랐네. 불행했던 순간들도 견뎌내고 보니 행복의 밑거름이 되어 있었던 것을 정말 몰랐네.

"여보! 나 좀 살려 줘" 남편은 위암과 투병하면서 죽음이 코앞에 보이니 살고 싶다고 애원했었네. 투병하기 전에는 까짓거 저승사자가 데리러 오면 따라 가면 그만이지 했던 그 이였건만 세상만사는 겪어 보고서야 뒤늦게 지각하는 어리석음, 이제 남은 삶이나마 후회하지 않게 최선을 다해 고운 황혼을 맞으려네. 음악과 함께 날마다 즐겁게 ~

시니어의 일상 日常

의학 과학의 발달로 이제 100세 시대에 도래했다고 말하고 있다. 허나 백세시대! 그것은 삼, 사십 대 풍요로운 생활을 하며 건강관리에 주력한 젊은이들에게나 해당되는 말이리라. 가족을 우선으로 자신을 돌보지 않고 자식만 잘 키워 놓으면 노후 보험이라는 생각에서 이제는 탈출하지 않으면 안 된다. 그건 착각이다. 건강할 때 건강관리에 주력해야 하는데 농경 산업, 정보화 사회를 거쳐 디지털 IT 시대의 현실임에도 아직도 아날로그 방식으로 살아가고 있는 시니어의 일상은 병고에 시달리고 있는 일상이 마냥 즐겁지만은 않다.

꼭 그렇지 않은 사람도 있지만 생로병사가 자연의 원리라 시인하고 있으면서도 통원 치료가 일상의 많은 시간을 뺏기고 있음을 부정할 수 없으니 어찌하면 좋을까!

'나는 살고 있다. 그러나 나의 목숨의 길이는 알 수 없다'라는 독

일 민요가 있다. 내 목숨의 길이는 알 수 없는데 병원 왕래가 일과의 많은 시간을 소모시키고 있는 아이러니함을 어떻게 설명해야 할까! 건강, 일, 친구, 꿈을 상실하지 않으려면 문학과 신앙생활을 밥 먹듯 일상화 하지 않으면 안 된다고 나를 채찍해 본다. 시니어의 일상에 파고드는 소외감, 고독함은 건강의 적신호, 과감하게 물리쳐야 하리라. 운명을 좌지우지하는 것은 마음속 생각이 열쇠인 것을 자각하지 않으면 안 된다. 나 자신에게 온전히 돌아가 자중자애自重自愛할 일만 남아있다.

  넌 충분히 할 수 있다고 자신에게 용기를 불어넣어 주자.

고행의 길

 엄마의 뱃속에서 탯줄을 자르고 응애~ 응애~ 첫 울음을 우는 순간부터 인생은 고행의 길을 걷게 되므로 인생을 고해苦海라 했을까!

 선천적으로 냉冷한 체질을 타고난 필자는 유난히도 추운 겨울을 이겨내기가 어려웠다. 하여, 해외주재원으로 파견 근무하고 있는 아들네 집을 찾아 열대 나라인 멀리 브라질, 말레이시아 등에서 겨울을 지내려고 여행 가방을 꾸렸다. 도착하자마자 추위를 피해 왔지만, 그곳은 극과 극으로 24시간 너무 더워서 감내하기가 힘든 고행의 길이었다. 이승에서 삶을 시작하는 순간부터 고행의 길이 기다리고 있음을 알았으면서 왜 깨닫지 못했는가. 득도를 위해 벽면 수행하는 스님 또한 고난의 연속인 것을~

 써 갈수록 어려운 글쓰기, 누가 시켜서도 아니련만 자처해서 고행의 길을 가고 있으니, 코로나의 역병을 극기하려고 두문불출하고 2년여 동안 몰입하여 '존재의 숨결' 에세이집을 완성하느라 전염병에 걸리지 않고 무사히 지났다. 2025년 역사상 유례없는 숨막히는 더위와 폭우의 난관을 극기하려고 '생명의 불꽃' 제목 하에 수필집을 엮어가고 있는 중이다.

  친구, 지인들은 왜 더운데 그 고생을 하느냐고 질책 겸 조언도 하지만 내 길을 가야 한다는 의지력 하나로 정진하고 있으니 누구 탓을 할 것인가!

  수필! 아무렇게나 붓 따라 쓰는 글이라고 쉽게 생각하지만 써 갈수록 어려운 고행의 길인 것을, 언제나 수필의 숲을 풍성하게 이룰 수 있는 둥지를 틀 수 있을는지 고민하며 터벅터벅 힘든 길을 걷고 있다. 어둠 속에서 헤매노라면 언젠가는 하나 둘 밝혀지리라는 신념 하나로 저녁 등불을 위로 삼아 허공 위에 꽃밭을 조성하는 무모한 짓을 하고 있는지도 모를 일이다.

  과거의 기억들이 현재의 삶에 파고들기에 붓을 들지 않을 수 없지만, 그렇다고 내 자유의지대로 되는 일은 거의 없다. 특히나 창작의 경우는 노력하는 고통만큼 결과는 깜깜 미지수일 때가 많으니 말이다.

  의상에 대해 관심이 많았던 과거, 이젠 세월이 흘러 그 어떤 우아한 옷도 화려한 장신구로도 더 이상 멋이 나올 수 없는 몸의 변신이 와 안타까울 뿐이다. 아끼던 물건도 소중히 여겨지지 않아 친구 지인들에게 나누어 주게 된다. 몸을 치장하기 위한 외형적인 물건들 보다는 맘을 풍요롭게 해주는 지난 추억들이 귀하게 여겨짐은 연륜이 안겨준 선물이지 싶다.

　중국 '구양수歐陽脩'선비가 학문하는 자세에 대해 제시한 명언을 생각해 본다. 삼다독三多讀이라 하여 많이 읽고, 많이 쓰고, 많이 생각하라고 권장했다. 자처한 글쓰기 길에서 좀 더 많이 읽고 많이 생각하고 많이 쓰려고 노력하며 고행의 길을 극복하여 꽃길을 닦아 나가야겠다.

　공든 탑이 무너지지 않는 진리를 믿고 더 공들여 보자고 채찍질 해 본다.

구슬픈 8월의 여운

 처서에 비가 오면 모기 입이 비틀어지고 그 해는 독 안에 든 쌀이 줄어든다고 하는 2023년 처서, 장대비가 그칠 줄 모르고 쏟아지고 있네. 정말 독 안에 쌀이 줄어들고 있을까 모를 일이네. 연일 계속되는 폭염이 장대비로 변해서 무서울 정도로 내리네. 장대비가 그치고 나면 폭염을 못 견딘 매미들의 구슬픈 울음소리가 온 산천을 뒤덮고 있으리니 여름이 뜨거워서 매미는 저토록 처절하게 우는 것일까. 매미가 울어서 8월에 여름이 이토록 뜨거운 것인가!

짙푸른 녹음 사이 속 풀 섶엔 산나리, 초롱꽃들이 등산객의 눈길을 시원스럽게 해 주고 있네.

매미가 맴맴 스르르 열창하는 것은 빨리 짝을 만나 이승에서의 사랑을 나누고 떠나야 하기 때문이라네. 매미는 땅속에서 7년을 기다렸다가 성충이 되어 이 세상에 나와서 10일 정도 살다가 생을 마친다고 하네. 짧고 굵은 매미의 삶을 선비들은 군자의 다섯까지 덕을 갖춘 것으로 여겼다네.

첫째 매미의 곧게 뻗은 입이 갓끈과 같아서 학문學文에 뜻을 둔 선비와 같다.

둘째 사람이 힘들게 지어 놓은 곡식을 해치지 않으니 염치廉恥가 있다네.

셋째 집을 짓지 않으니 욕심이 없어 검소儉素 하다네.

넷째 죽을 때를 알고 스스로 지키니 신의信義가 있다네.

다섯째 깨끗한 이슬과 수액만 먹고 사니 청렴淸廉하다는 것이네.

조선시대 임금님이 정사를 볼 때 머리에 쓰던 익충관翼蟬冠은 매미의 곧게 뻗은 입이 갓끈과 같아서 백성을 다스리고자 하는 의지가 담겼다네. 매미는 얼마 남지 않은 자신의 생명에 대한 애착으로 처서가 코앞에 와 있는 것을 이 세상과 작별해야 한다는 서러움으로 더 처절하게 맴맴 스르르, 잠든 영혼을 깨우는 비명인지도 모르겠네. 세월 따라 우리의 인생도 매미처럼 이 세상과 작별할 시기가 점점 가까워져 올지라도 힘없이 주저앉지 말고 젊은 날 힘들게 살아온 보람을 찾아 나서야 하네. 인생의 가을 겨울은 얼마나 수확할 게 많은가!

앞다투어 피어나던 곱디고운 각양각색의 꽃 속에 묻혀 눈길 한 번 주지 않던 호박꽃도 누렇게 익으니 너 나 없이 좋아하네.

식용으로 약용으로 아낌없는 사랑 속에 대접받고 있는 둥글 넓적한 호박처럼 모나지 않는 품성으로 남은 삶을 유유자적하게 꾸려 나간다면 어디서나 대접받지 않겠는가!

나이 먹은 냄새 풍기며 연식年式을 앞세워 집착과 지나친 욕심으로 가르치려 든다면 꼰대 소릴 들을 수밖에 없다네.

8월에 짙은 녹음이 한창인데 산길을 걸으면서 곳곳에 초롱꽃 군락지를 지나노라니 다소곳이 고개 숙이고 조용히 미소 짓는 자태에서 이 小人도 저렇게 고결한 품성을 갖추어 가는 시니어가 되고 싶네.

가계부

 오래된 서류들을 정리하다가 우연히 1970년도에 써두었던 가계부를 발견했다. 5~60년 전의 자신의 생활상을 지켜보는 것 같아 생경스러웠다. 4월분 월급 8,000원을 수령하여 백미 한 말 1,500원 연탄 30장 630원 영화 구경 200원 전기 수도세 오물세 기타 공과금 400원 파마 200원 종교 활동비 1,000원 월세 방값 2,000원 부식비 찬대 1,500원 기타 등등으로 기재돼있다. 지금은 대한민국 국군병장 월급이 150만 원이나 된다. 오 십여 년의 세월에 상전벽해桑田碧海의 격세지감을 느낀다. 그때 당시 남편은 해군 소위로 임관하여 일 년여 지난 터, 지금처럼 맞벌이 부부가 없던 터라 남편의 월급이 수입의 전부였다.

　자손이 귀한 시댁은 손이 끊길세라 시어머님은 쉰둥이로 막내둥이 남편을 어렵게 낳으셨다. 그 시절 고부姑夫간에 한 집안에서 생

활하던 터라 며느리는 젖이 쿨쿨 나와 짜서 내버리는데 어머님은 노산老産이라 모유가 나올 리 없었다. 전쟁 이후 빈곤하던 시절이라 분유나 우유는 상상도 못 하던 때였으므로 며늘애가 젖을 짜서 버리는 게 너무 아까우셨단다. 시모媤母는 어렵게 말을 걸어 며늘애 젖을 동냥하듯 막둥이(남편)에게 빨리게 했다. 지금 같으면 상상도 할 수 없는 일이지만 결국 남편은 형수님의 젖을 먹으며 자랐다. 세 살 먹은 버릇 여든까지, 세 살 때 건강은 여든까지 간다고 내려오는 속담을 무시할 수 없듯 남편은 비실비실하게 컸다. 자신이 성장하면서 이래서는 안 되겠다 싶었던 모양이다.

해군장교복장은 흰색 검정색 할 것 없이 국제적인 신사복이란 정평이나 있다. 흰 모자부터 발끝까지 백구두로 정장을 하는 모습이 대견스럽다면서 앞집 할머니는 남편의 출근 시간을 기다렸다는 듯이 대문 앞에 나와 바라보곤 했다. 나 역시 남편을 깔끔한 복장을 입혀 출근 전송하고 나면 행복했다.

외화내빈外華內貧인 남편을 시댁에서는 확대 평가해 진해에서 광주본가에 귀향하면 많은 것을 기대하고 바랬다. 8,000원의 봉급으로 겨우 일상생활을 하고 있는데도 말이다, 심지어는 내가 공처가로 소문이 날 정도였으니까. 점차 진급도 하고 세월이 흘러 월급도 인상되어 갈 때는 재량껏 시댁 어른들 조카들에게 나름 선물도 해 줄 수 있었음을 다행으로 여기며 지냈다.

역지사지易地思之란 말이 있지 않은가! 상대방의 입장은 고려하지 않고 겉만 보고 판단하기보다는 자기가 그 사람의 처지에 놓여 보아야 이해할 수 있다 해서 그 사자성어 낱말이 나온 것 같다.

자기의 생각과 판단이 전부는 아니다. 상대의 입장도 고려해 보고 내 생각과 다름을 인정하고 깨달을 때 가족관계 사회 인간관계는 원만해진다는 것을 두루 전파하고 싶다.

아픈 사람 상태를 모르면 건강한 사람들은 아픈 이의 몸과 마음을 잘 이해하지 못하고 자기의 건강 상태에 기준을 맞출 때가 많다. 자기도 언젠가는 아플 수도 있을 텐데 상대를 너그러이 포옹하고 이해할 수 있는 인격을 갖추어나가려 꾸준히 노력해야 된다. 그러할 때 가정도 사회도 인간관계도 원만해지리란 확신을 갖고 있다. 주어야 받을 수 있고 아니 주면 받을 수 없는 것이 세상의 이치요, 진리가 아니던가!

평화의 댐

6월 보훈의 달을 맞아 비목공원을 둘러보고 나오는 길에 평화의 댐도 견학했다. 강원도 특별자치도 화천군 화천읍 동촌리 북한강에 위치해 있는 평화의 댐은 극한 홍수 및 임남댐 개방 등 비상상황에 대비한 홍수 조절 댐이다. 자연과 사람이 하나 되는 Peace Dam이란 캐치프레이즈로 평화의 댐이라 아름답게 승화된 이름이지만 본래는 북한강 본류에서 전쟁을 목적으로 남한에게 물바다를 만들겠다는 북한의 계획적인 사건 현장이다.

전두환 정부가 1988년 올림픽을 앞두고 온 국민이 들떠 있는 시기에 북한의 수공水攻 위협을 발표해 서울의 물바다 론을 집중적으로 보도해 국민 성금 모금 운동을 벌여 모금액이 모두 652억 4,000만 원으로 최종 집계됐다. 온 국민이 하나 되어 국가안보를 위해 애국정신이 모여진 상황이었다.

동촌2리 애마 골에 건설된 평화의 댐은 1, 2, 3단계의 긴 시간에 걸쳐 완공됐다. 거금을 들여 완공한 이 댐으로 유입되는 물은 9개를 통해 화천댐으로 흘러간다. 홍수 때를 제외하고 항상 비어 있어 댐의 효율성 논란이 이어져 내려오고 있다.

당시 전두환 정부는 금강산 댐의 저수량이 최대 200억 톤으로 추정돼 수공 시 12~16시간 만에 수도권이 수몰될 것이라는 허위 가상 시나리오를 제시했지만, 오늘날까지 아무런 일이 없지 않은가!

금강산 댐의 수공 위험을 38배 과장해 불안한 정국을 전환키 위한 정치적 목적이었음이 역력히 드러났다. 과장된 위협과 정치적 야욕을 위해 전두환 정부는 애국시민의 마음을 훔친 큰 과오를 범했다. '성훈'에 적선지가積善之家에는 반드시 경사스러움이 있고 적악지가積惡之家에는 반듯이 재앙이 있다는 가르치심이다. 개인의 사리사욕을 위한 결과는 결국 패가망신이 되어 자손만대에 부끄러운 사기극을 보여주고 있는 전두환 가의 몰락이 많은 사람에게 회자되고 있음을 너와 나는 반면교사로 삼아야 한다.

평화의 종 주변엔 한국 전쟁에 참여했던 우방 국가의 국기가 주변을 빙 돌아가면서 꽂혀 있어 바람에 펄럭이고 있는 모습이 그때 당시를 우방국기가 침묵 속에 전해주는 듯했다. 재삼 고마운 마음을 유월의 훈풍에 가득 담아 전하고 싶었다. 아름다운 금강산을 4km 코앞에 두고 돌아서는 발걸음이 마냥 무겁다.

6.25 전쟁으로 빈곤했던 이 나라가 근면 성실하게 노력하여 한

강의 기적을 이뤄 아프리카를 비롯하여 빈 민국에게 도움을 주는 나라로 성장한 현실을 정치인들은 직시하고 나라의 미래를 위해 당파싸움을 초월해 국가와 국민의 안정을 위해 전심전력해 주었으면 하는 소망이다. 평화의 댐 물 문화관을 탐방하며 느낀 점 하나. 물은 만물만상을 살려주는 우리의 삶에 절대적으로 없어서는 안 될 자연이 주신 커다란 은혜임을 우리는 한시도 망각해서는 안 된다. 물, 공기, 바람, 햇빛 등 조물주가 인간에게 베풀어 주신 무한한 은총을 우리는 잊지 말고 각자 마음속에 깊이 새겨두어야 하리라.

제9회 이호철통일문학상 (현기영, 김기창)

천년보고千年寶庫

 유네스코 세계문화유산인 천년의 보물 창고를 견학하고 돌아서는 발걸음이 자꾸만 뒤돌아보아지는 것은 가야산 깊은 산골에서 흘러 내려오는 맑은 물소리의 청아함을 더 듣고 싶은 심경이었지 싶다. 세속에 때 묻은 영혼이 자연스레 힐 링 되는 기분은 인공적인 산소방이나 화학제품을 사용한 힐 링 처와는 비교할 수 없는 것은, 자연이 품어주는 크나큰 산은해덕山恩海德이기 때문이다

신라시대 진성여왕 시절 건축한 길상 탑을 감상하노라면 경주에 석탑이 연상되기도 한다. 합천 해인사는 가야산 치안리에 자리 잡고 있다. 삼층석탑 석등대적광전 목조비로자나 삼존불, 법보전 불좌상장경판전, 대장경판 홍화문(일주문)등은 정녕 유형의 천년보고가 아닐 수 없다.

향토사학회 주선으로 합천 영상 테마파크 청와대 세트장 함벽루

옥전고문군 해인사 성인 관물관 등을 관람한 뜻깊은 학회 일정이었다. 우리나라에서 가장 오래된 나무 불상은 동상과 비교하게 되는 섬세함과 아름다움을 겸비한 부처님상이 오래도록 뇌리속에 각인될 것만 같았다.

순천시의 송광사 양산시의 통도사와 함께 3보 사찰로 꼽히는 해인사! 3보란 불교에서 불佛 법法 승僧을 뜻한다. 해인사에는 법보(팔만대장경), 통도사에는 불보(진신사리), 송광사는 승보(수계사찰)이 있기 때문이다.

전설에 의하면 옛날 착하게 살던 노인이 떠돌이 강아지를 데려다가 정성껏 키웠는데 사실인즉 그 강아지는 용왕의 딸로 잘못을 저질러 강아지가 되어 속죄하던 중이었다. 속죄를 마친 용왕의 딸은 용궁으로 돌아가 자신을 보살펴 준 것에 대한 보답으로 노인에게 도장을 주었다.

그 도장은 원하는 것을 적고 도장을 찍으면 적은 것이 실현되는 도장이었다. 노인은 자신의 사리사욕을 위해 도장을 쓰지 않고 오히려 도장을 사용해 절을 세우는 비용에 썼다고 한다. 그리하여 바다해海와 도장인印을 써서 해인사가 되었다는 전설이 있다. 세월 따라 화재로 인해 일곱 차례 보수증축을 하였으나 신기하게도 화제 때마다 대장경판전大藏經板殿은 화마를 피해 오늘날까지 보존되고 있으니 신기하지 않을 수 없다. 해인사가 소장하고 있는 문화재로는 국보 7점 보물 20점으로 역사적 학술적 가치를 인정받아 절 자체가 명승지로 지정이 되었다.

  팔만대장경이란 이름은, 불경을 새긴 나무판의 숫자가 8만 1,258판으로 8만 여 판에 8만4천 번뇌에 해당하는 법문이 실려 있어 부른 이름이다. 팔만대장경을 다 읽는 데는 20년이 걸린다고 한다. 이 경판을 모두 쌓아 올리면 3,000미터가 넘어 백두산보다 더 높다는 결론이다. 백두산보다 더 높은 학술적 역사적 가치가 있는 팔만대장경을 260자로 줄이면 반야심경이 되고, 5자로 줄이면 일체유심조一切唯心造가 되며 1자로 줄이면 심心이 된다는 참 진리를 알게 되어 기쁘기 그지없었다.

  마음이 만물의 근원이기에 팔만대장경을 다 읽는데 걸린다는 긴 세월 동안, 생존해 있는 동안 심령心靈공부에 매양 매시 박차를 가할 것을 다짐해 본다.

내일이 오면 어쩌면 헤어질지 모르는 사람과 내일이면 추억의 앨범 속에 있을 사람과 온 산이 온통 황홀의 극치를 보여 주는 내장산은 내 작은 가슴을 가쁜 숨을 몰아쉬게 하고 있으니~ 못다 한 이내 사랑을 어이 할까나! 첫사랑은 이룰 수 없다는 속설이 있어도 황혼녘에 닿은 지금은 아름다운 추억으로 나를 설레게 하고 있으니 행복하다고 자위 해 본다.

4

추억은 아름다워

심적心迹
아호雅號
투병 20년
욕망慾望
추억은 아름다워
태극기 유감
뇌지雷芝의 화심花心-2
성미산-2
금강산 선인장-2
꽃은 나에게
단상斷想-1
세레나데

심적心適

우리 집 식탁에는 아버지께서 유물로 소나무에 조각해 주신 심적心適이란 글귀가 있다. 이 조각에 새겨진 현판은 필자의 짧은지식으로 풀이해 보자면 마음을 늘 하나같이 적절하게 관리하라는 뜻으로 사료되어 식탁 한쪽에 놓고 밥 먹을 때마다 각인시켜 보곤 한다.

  공자님 말씀으로 대치해 본다면 중용中庸이라고나 할까! 현재까지 생존하셨으면 1911년생이시니까 114살이시다. 백여 년 전 그 시절에도 평소 음주가무를 즐기셨던 건장한 체구로 꽤 미남이신 아버지 친구들은 팔방미인이라고 칭송하셨다. 기분 좋게 한잔하시고 귀가하시면 셋째 딸인 나를 무릎에 앉히시고 노래 부르라고 하셨다. 아직 어린애라 '아~ 신라의 달밤'이란 노래를 부르라고 하시면 혀 짧은 소리로 불렀던 기억이 오랜 시간이 지났어도 엊그제 일처럼 떠오르곤 한다. 하여 추억은 지워 없앨 수 없는 앨범인지도 모를 일이다.

결혼하기 전까지 보내주신 아버지의 편지를 지금도 보관하고 있다.

일필휘지로 필체도 좋아서 서예 붓글씨 서화도 일품이었다. 추사秋史김정희님의 얘기를 자주 하셨지만 아무것도 모르는 철부지 였음에도 당신의 내심을 심어주고 주고 싶으셨던 모양이다. 매화원광梅花圓光이라 조각해 주신 현판이 우리 집 현관에 걸려 있어 외출했다 귀가하면 어린 시절 부녀간의 애틋했던 아버지의 사랑이 피어나 기분이 업 된다.

아직도 나는 수양심修養心이 많이 부족하여 심적心適, 중용中庸을 지키지 못하고 우울증의 늪에서 헤매 일 때도 많다. 상대의 다름을 인정하지 못하고 왜 저럴까 이해하지 못하고 미운 마음을 가질 때가 있다. 이 모두는 자신의 인격을 갈고닦는 힘이 많이 부족하기 때문인 것을~~

좀 더 심폭心幅을 넓혀 포용하는 힘을 길러야겠다. 나의 선배 스승님은 만인의 어머니가 되라고 종종 말씀해 주셨는데, 그 뜻을 따르지 못하고 실천이 부족한 자신이 마냥 부끄럽다. 아버지가 전해 주신 유지를 받들어 심적心適을 지키면서 여정의 길에서 만난 오든 이들에게 덕행德行 할 수 있는 인품을 갖추는데 게으름 피우지 않으리라.

'만사죽죽자연죽萬事竹竹自然竹, 묵묵심처수덕광默默心處水德光'의 가르치심따라 매사에 묵묵히 실천할 수 있는 제자가 되어야겠다고 제삼 다짐해본다.

아호雅號

 아호雅號는 문인이나 예술가들이 호나 별호를 높여 이르는 말로 본명 외에 갖는 이름이다. 아름답게 표현하려는 또 하나의 호칭이랄까!

 존경하는 선배님들로부터 많은 아낌과 사랑을 받아오던 터라 여러 개의 이름을 지어주셨다. 그중에서 일정 선배님이 지어주신 정강靜江이란 호가 마음에 와닿아 문단생활을 하면서 수십 년간 사용해 오고 있다. 문인 중에는 동명이인도 있어 국제펜한국본부에서는 '정강 이신자'로 표기하여 우편물이 배송되어 오고 있다. 어떤 분들은 왜 이름이 다섯 자로 그렇게 길게 쓰냐고 반문하는 이도 있어 아호와 이름을 띄어 쓰지 않아서라는 이유를 설명할 때도 있다. 내 성향에 맞게 조용히 명상하며 유유히 흐르는 강물을 닮아가고 싶어 하는 나를 잘 아시는 분들은 '靜江'이란 호가 아주 좋다고 극찬해 주는 분도 있다.

 여일하게 조용히 흐르는 물처럼 내 일상도 아호답게 생활하고

픈 마음이다. 물은 만상만물을 키워주시는 천혜의 선물이기에 근본에 어긋나지 않도록 삶을 운전하려고 일상생활을 노력하며 지낸다. 상선약수上善若水란 말이 있다. 가장 아름다운 인생은 물처럼 사는 것 若水라는 뜻이다.

내 핸드폰 벨소리도 이수인 시인이 작사 작곡한 '내 마음의 강물'로 음원을 사서 쓰고 있다. 전화벨소리가 울리면 기분이 좋아 때로는 음악을 더 감상하려고 늦장을 부리다 끊어질 때도 있어 부재중 전화가 찍힌 대로 다시 전화할 때도 있는 해프닝이 있는가 하면 광고성 전화나 스팸 전화를 모르고 오래 듣다 불쾌할 때도 더러 있었다.

"수많은 날은 떠나갔어도/ 내 맘의 강물 끝없이 흐르네 / 그날 그때/ 지금은 없어도 내 맘의 강물 끝없이 흐르네/ 새파란 하늘 저 멀리/ 구름 두둥실 떠가고 비바람 모진 된서리 지나간 자욱마다 맘 아파도 / 알알이 맺힌 고운 진주알 아롱아롱 더욱 빛나네/ 그날 그때 지금은 없어도 내 맘의 강물 끝없이 흐르네"

자기 이름에 부족한 부분을 채워주는 품격 높은 아호를 지어 달라고 거액을 들여 작명소를 찾는 것보다는 선대 조부님, 부모님이 지어주신 그 뜻을 받들어 이름값 할 수 있는 생활인이 되어야 하리라.

나의 부모님은 셋째 딸로 태어난 나에게 믿을 수 있는 자식이 되라고 '信子'라고 지어주셨다. 믿을 수 있는 자식, 존경하는 선배님으로부터 받은 아호 정강靜江의 이름에 어긋나지 않는 인격을 갖추려면 남은 시간도 꾸준히 갈고 닦아 나가야겠다.

죽는 날까지 인생은 미완성인 고로 완성의 목적지에 도달치 못할지라도 끈임 없는 노력이 필수여야 한다.

투병 20년

 조물주의 섭리인 생 노 병 사는 사람이 거역할 수 없는 일생의 수순인 것을~

 태어나서 점차 늙어가는 여정에 병들어 죽음에 이르게 되는 것을 다시 말해 무엇 하랴! 필자는 척주관협착증으로 이십여 년을 감내하며 생활하고 있다.

 노화에서 오는 것이려니 당연지사라 방관한 것이 큰 잘못이었다. 때론 후회감도 들지만 한편으론 잘했다고 자위하기도 한다. 통증이 심하면 주위의 친구, 지인들은 유명하다는 의사를 소개해 주어서 병원을 찾아 가면 무조건 첫 마디가 수술을 권한다. 허리는 함부로 수술하는 것이 아니라고, 의사들은 자기 가족에게는 만류하면서 환자에게는 권유하는 것은 무엇 때문인가? 수술을 완강히 거부하는 나에게 안 하고 얼마나 가는지? 두고 보자는 투의 윽박지르는 느낌을 받을 때도 있었다.

주변에 수술한 사람들을 눈여겨보면 2~3년 후면 재수술하는 것이 보통이다. 요즘같이 기상이변이 심해 하루에도 조석으로 변하는 일상이 통증을 더 심화시킨다. 의사들은 암 환자에게 친구하며 같이 지내라고 하지만 말은 쉽지, 받아들이기는 어렵다. 자다가도 통증이 심히 오면 숙면을 하지 못하고 여러 번 깨어나 거실에 있는 꺼꾸리 운동기구에 올라타고 자다 깨다 하노라면 어떨 때는 이렇게 아파서 제대로 생활이 안 될 바에는 차라리 하며 잠자듯 고이 갔으면 할 때도 한두 번이 아니다. 그러다가도 왜 그런 잘못된 생각을 했나 반성도 한다. 삶의 질이 정상적이지 못해서 오는 회의인 것을..., 그런 생각을 하면 안 된다.

 수술비보다는 낫다는 생각으로 맘에 드는 한 정형외과, 신경과를 반년 넘게 통원 치료를 받았다. 별 효과가 없었지만 의지력 하나로 버텼지만 주사를 20여 대씩 맞다 보면 주사 노이로제가 걸려 정신의 압박감이 더 컸다. 이대로는 안 되겠다는 생각에 이르러 방법을 바꾸기로 결심! 운동에 주력했다. 걸을 수 있음에 감사하며 이렇게라도 걸을 수 있음이 살아있다는 증거라 자위하며 걷고 또 걸었다. 체력이 고갈되어 힘들 때는 히포크라테스의 '걷는 것이 최고의 약'이란 명언을 떠올리며 주저앉지 않으려 최선을 다했다. 일찍이 '허준'은 좋은 약을 먹는 것보다는 좋은 음식을 먹는 게 낫고 좋은 음식을 먹는 것보다는 걷기가 더 낫다는 조언을 떠올리며 뇌리에 각인시키는 나날이다. '헬 리 데이비드 소로'는 하루를 축복 속에 보내고 싶다면 아침에 일어나 걸으라고 하지 않았던가! 걸어서 행복해지라고 '찰스 디킨스'는 강조했다. 걷는다는 것은 내가 살아있음을 증명하는 존재의 실체가 아닌가! 필자가 살고 있는 아파트 뒷편에는 성미산이란 나지막한 야산이 있다. 아침에 기상하여 신선한 맑은 공기를 마시며 걷다 보면 몸과 마음에 활력소를 얻는다. 지금보다 젊었던 얼마 전까지만 해도 눈이 오나 비가 오나 뒷산을 올랐으련만 지금은 좀 나태해졌다. 그래도 자신을 채찍하며 자기 내면에 잠재해 있던 침묵과 대화를 나누며 회답을 얻으면 생기가 나곤 한다. 노화된 내 삶을 정체시키지 않으려면 더 많은 노력을 하지 않으면 안 된다.

 한겨울에 태어난 나는 눈을 엄청 좋아한다. 눈이 소복이 쌓인 겨울은 아직 녹지 않았으므로 그 흰빛에 매혹이 되어 설화를 만나는 기쁨은 자신이 눈꽃처럼 순수해짐을 느낀다. 나무에 수북이 쌓인 설화는 그 무게에 못 이겨 가지가 부러져 있는 것을 볼 때면 내 육신의 어느 한 부분이 잘려 나간 것처럼 무척 맘이 아프다. 남은 여로 힘들고 어려워도 '누죽걸사'이라는 신조어를 되새기며 걷고 또 걷자. 누우면 죽고, 걸으면 산다는 자연의 섭리 따라 일상을 운전하리라.

욕망

 인간 욕심의 한계는 어디까지일까?

　　죽은 사람의 수의壽衣엔 호주머니도 없는데 '이건희' 삼성 회장이 마지막 남긴 메시지가 뇌리에 각인시켜 두었던지 새삼스레 떠오른다. 일생을 사업에 몰두하며 세계적인 갑부의 순위에 올랐지만 죽을 땐 아무것도 가져갈 수 없으니 건강할 때 건강관리를 재물 지키듯 잘하라는 유언이다.

　　러시아 대문호 톨스토이의 작품에 나오는 주인공 '이반'이라는 농부는 평생을 주인집에서 머슴살이를 했다. 어느 날 주인은 이반을 독립시켜 주려고 불렀다. "내일 아침부터 네가 밟고 돌아오는 땅은 모두 너에게 주겠노라." 약속했다. 평생을 머슴살이로 살아온 그는 다음 날 새벽부터 달리기 시작하여 쉴 새 없이 뛰고 또 뛰었다. 한 평의 땅이라도 더 차지하기 위해 먹는 것도 쉬는 것도 잊어버리고 뛰었다. 평생을 머슴으로 살았던 한을 풀기 위해 밤이

늦도록 뛰어 주인집 대문에 들어서면서 안타깝게도 쓰러져 죽고 말았다. 그가 마지막 차지한 땅은 세 평뿐이었다. 무덤으로 사용한 3평은 평생토록 머슴살이하여 얻은 땅이었다. 하루 종일 쉬어가면서 먹을 것 먹고 천천히 걸었어도 그 땅을 어디에 다 쓸 것인가! 사람의 욕심은 끝이 없어서 욕심이 화를 자초한 것이다. 사람들은 천년만년 살 것 같은 착각 속에 살기 때문에 욕망을 버리지 못하고 '이반'처럼 세 평 무덤 속으로 사라지는 인간들이 허다함은 불변의 진리인 것을~

천상병 시인의 말을 구지 빌리지 않더라도 이 세상에 온 것은 잠시 소풍 온 것이려니 친구, 연인, 친지, 이웃과 담소 나누면서 산행도 하고 물도 건너고 꽃길도 단풍 길도 함께 걸으며 생존해 있는 동안 즐겁게 기쁘게 살아야 할 일이다.

욕심은 인생의 근본 자체를 망각하고 하늘에 뜻을 역행하는 것이므로 부지런히 자신의 인격을 다듬는데 게을리해서는 안 된다. 진시왕은 죽지 않는 불사약不死藥 불로초不老草를 신하들에게 구해오도록 하명했지만 그의 불사약不死藥 불로초不老草는 삶을 연장해 주지 않는 것이 하늘의 뜻이요 진리인 것을. 살아있는 동안 내가 할 수 있는 능력 범위 내에서 베풀고 도우며 덕을 행함이 최우선이 되어야 할 것이다. 말로 글로는 잘했던 자신을 반성하면서 삶이 다하는 날까지 학행學行 지행知行 언행言行일치一致 할 수 있는 인격을 갖추라고 자신에게 명령해 본다.

추억은 아름다워

 세월은 흐르고 흘러 어느 사이 추억을 먹고 사는 시니어가 되어가고 있다. 세상 사람은 다 늙어가도 나만은 청춘일 거라는 착각 속에 낙천적인 일상을 누려 왔건만 자연의 섭리 앞에 무릎을 꿇을 수밖에 없었다.

풋풋했던 젊은 날 사랑하는 사람과 내장산 단풍 여행을 했던 추억이 아름다움으로 내 가슴속에 각인되어 있어 그리운 사람이 떠오르면 꺼내본다.

"동녘 바람이 불어오면 곱게 물든 내장산아, 저녁노을 붉게 타면 고운 애기 단풍은 어이해 멀어지나 방부석의 사연인가 서리서리 눈물인가 내장산 쇠북소리, 밤새도 둥지를 찾아 날개를 접는다. 가을빛 물들인 애기단풍 지면은 찾아올 거나 어느 고운 임 나를 찾아올거나 내장산으로~"

첫사랑은 이루어지지 않는다는 속설은 나에게도 예외는 아니어서 그리워하는 추억으로 아름다움을 장식해 주고 있다. 내일이 오면 어쩌면 헤어질지 모르는 사람과 내일이면 추억의 앨범 속에 있을 사람과 온 산이 온통 황홀의 극치를 보여 주는 내장산은 내 작은 가슴을 가쁜 숨을 몰아쉬게 하고 있으니~ 못다 한 이내 사랑을 어이 할까나! 첫사랑은 이룰 수 없다는 속설이 있어도 황혼녘에 닿은 지금은 아름다운 추억으로 나를 설레게 하고 있으니 행복하다고 자위 해 본다.

태극기 유감

 2025년은 광복 80주년으로 의미 있는 해이다. 1945년 8월 15일은 우리에겐 해방의 날이고 일본은 패전의 날이다. 일제 강점기 36년 동안은 너무나 긴 굴욕의 세월이었음 다시 말해 무엇 하랴!

국권을 상실한 우리 민족은 나라를 되찾겠다고 오매불망 밤낮을 가리지 않고 활약했던 애국지사의 공훈이 없었던들 풍요로운 오늘날의 대한민국은 없었을 것이다. 독립유공자들의 값진 피와 땀을 우리 후손들은 결코 잊어서는 안 된다. 전철 3호선 독립문역에 있는 독립문을 혹여 일본으로부터의 독립을 생각할 수 있는 사람도 있을 수 있겠으나 500년간 지배하던 중국의 압제壓制에서 벗어나게 된 것을 기념하기 위해서 그 당시 중국 사신을 영접했던 영은문 자리를 허물고 그곳에 독립문을 세웠던 역사적인 건물이다.

 8월 15일은 캐나다로 이민 간 남동생 해방둥이 혈육이 그립고 보고 싶다.

필자는 대단지 아파트를 별로 선호하는 편이 아니어서 나 홀로 아파트를 고집하고 이곳에 조촐한 공동주택에서 생활해 온 지 십여 년이 되었다.

 태극기 게양은 꼭 공공기관의 건물에만 설치하라는 것이 아니라 요즈음은 소규모의 공동주택(빌라, 상가)에도 설치하여 태극기가 바람에 나부끼는 것을 보노라면 왠지 내 나라 내 땅에서 발 딛고 살고 있음에 선인들께 고개 숙여 감사드리곤 한다.

 현재 내가 살고 있는 곳에도 태극기 게양대에 태극기가 설치돼 있었는데 어느 순간 사라지고 없어서 관리자에게 태극기 게양을 거듭 건의 했지만 부정적이다. 공금에서 사용하기 싫으면 내가 이번 달 관리비에 포함(태극기外 등) 하여 입금하겠노라 단톡방에 뜻을 밝혔더니 또다시 완강히 거부한다.

 요즘 젊은이들은 다 그러지는 않지만 거의 대부분은 국가관이 뚜렷지 않음이 아쉬울 때가 많다.

 반만년 역사를 지녀온 자랑스러운 이 나라 이 땅을 지키며 후손들에게 아름다운 강토를 물려주려면 새로운 의식으로 전환하지 않으면 안 된다.

 한국전쟁 이후 빈 민국이었던 남한을 새마을운동 시작으로 오늘날 한강의 기적을 이뤄 선진국의 반열에 올라, 잘 먹고 잘 입고 잘

사는 오늘이 있기까지의 선조님들의 삶을 본받지 않으면 안 된다. 어지러운 현재 상황을 바로잡으려면 젊은이들이 깨어있어야 한다. 풍요로움에 안주하기보다는 더 나은 내일을 위해 소비를 절약하며 나보다 못한 타인을 위해 배려심을 길러야 한다.

 종교인(신부, 목사, 스님), 연예인 다수가 빈 민국에 나가 희생과 봉사로 모범을 보여주고 있지만 몇몇 그분들에만 안주하지 않아야 되리라.

 필자도 마음으로는 늘 동행하고 있지만 시니어라는 핑계로 몸이 따라주지 않는다는 이유로 실천에 옮기지 못함이 마냥 부끄럽고 미안하다.

 비록 세월을 거스를 수 없지만 남은 여로에 자식, 사회에 짐스러운 존재가 되지 않도록 최선의 노력을 다하리라 다짐해 본다. 하늘의 은혜로 얻은 대한민국의 광복이 영원하기를 소망하면서.

뇌지雷芝의 화심花心 -2

 입추도 지난 2013년 8월 8일은 38.8도. 기상관측 통계 이래 81년 만의 폭염특보란다. 가마솥더위로 흘러내리는 땀방울을 주체할 수 없어 숨이 막힐 정도다. 지구온난화현상인 것을 어찌하랴! 대기가 불안정하여 프랑스에서는 테니스공만 한 크기의 우박이 떨어져 지붕을 뚫는 피해로 울상을 짓는 영상을 보면서 인간들은 자연환경에 저지른 죗값을 톡톡히 받고 있구나 싶다. 이런 더위와의 전쟁에서 이기려 우리나라에 최초로 연蓮 재배지栽培地가 된 향토 유적지를 찾아 집을 나섰다. 전철에서 만나 길동무가 되어준 이십 대 풋풋한 아가씨도 연꽃을 만나러 가는 길이라며 빨리 보고 싶어 맘이 설렌다고 한다. 넓은 잎사귀에 천지를 가득 담은 연꽃을 관상하려는 설렘은 나이와는 무관한가 보다.

　세상은 참 넓다. 여러 곳에 연못 저수지가 많은 중, 경기도 시흥

시 관곡마을에선 연사랑 축제가 한창이다. 이곳 연못엔 온갖 찌꺼기들이 다 모여 있지만 스스로 그 연못을 맑게 가꾸는 연꽃이 자생능력을 발휘하고 있다. 넓은 품을 열어 대중을 감싸 안는 꽃이기에 찜통더위 속에서도 관람객이 줄을 잇고 있지 싶다. 고요함을 좋아하는 연꽃, 하여 꽃말을 정객靜客이라 했을까!

  넓은 잎 사이사이 수줍은 듯 의연하게 피어 있는 자태가 고혹적이다. 순결함을 지니고 흙탕 물속에서도 오염되지 않는 것은 내 안 어딘가 작게나마 자리하고 있는 불성을 사극하고 있다. '깨어있지 않으면 더러움에 물든다' 함은 깨어있거든 속기俗氣에 오염되지 말라는 법구경의 가르치심이리라. 청초한 웃음을 머금은 청련. 홍련. 백련. 황련. 가시연. 수련은 의연하고 고귀한 기품을 지니고 있어 보는 이의 마음을 평안하게 해 준다. 순결하여 함부로 대할 수 없는 연꽃을 감상하노라니 체온 36~37도+폭염온도로 삼십팔도가 넘는 더윈데도 더위가 느껴지지 않는다.

"이 더운 날씨를 개의치 않고 나를 보러 온 대중들이여, 진흙탕물이라 비웃지 마소. 갖은 오염 썩히고 걸러 그대들에게 기쁨을 선물하노라"라고 뇌지는 묵언으로 말하고 있는 듯했다. 전철에서 만난 아가씨도 손을 번쩍 들어 사래질하면서 연인을 만난 듯 환호성을 지른다. 아가씨와 헤어져 연꽃에 취해 시간 가는 줄 모른다.

  나는 아직도 철이 덜 든 아낙인가! 그에 관한 관심과 사랑은 내 안에 쌓여 있는 열정의 꿈인가! 그저 바라만 보고 있어도 맘이 평온해지니 말이다.

'사랑하는 것은 사랑받느니보다 행복하나니~'를 읊조리며 무언의 대화를 나눈다. 사랑하는 것이 받느니보다 행복하다는 것은 사람이건 식물 동물이건 매한가지라는 것을 푸르고 맑은 연꽃에서 제삼 배운다. 나부끼는 바람결에도 꿋꿋하게 하늘을 향해 안테나 잎을 세우고 심지 깊게 떠 있는 연꽃. 세상사에 시달려 더위를 이기려 찾아온 사람들을 기쁘게 해주기에 모자람이 없기 때문이다. 한 잎 한 잎마다 상常, 낙樂, 아我, 정淨 네 가지 성품을 두루 갖춘 청초한 모습을 보고 있노라면 진정한 행복은 바로 이런 것 이로구나 싶다.

　주변에 오염되지 않을 뿐 아니라 주변을 변화시키려고도 하지 않는 모습. 사람처럼 인간과 인간 사이에서 따지고 요구하는 이기심이 없는 자태, 사람들은 어떤 조건을 앞세우기 때문에 회의와 갈등이 많은 반면, 뇌지는 처염상정處染常淨의 온화함으로 내 맘을 감싸주기에 지상에서 천상에 오른 기분이 이렇다고나 할까!

　연못 보금자리 옆 풀 섶에 피어 있는 나팔꽃이 오늘따라 순연하게 웃고 있는 것도 그가 품고 있는 고고한함 때문이리라. 사랑에 목말랐던 갈증을 풀어주는 꽃, 38.8도의 폭염을 잊게 하는 뇌지의 힘! 깊은 우물에서 길어 올린 생수 같은 시원함을 마시며 넉넉한 향을 품어내는 이곳 연꽃밭을 떠나기가 싫었지만 일상의 하던 일들이 기다리고 있어 무거운 발걸음으로 차에 오른다. 연꽃밭을 떠나기 아쉬워하듯 나를 찾아주는, 만나는 모든 사람에게 연향을 풍길 수 있는 인격을 갖추는데 게으름 피우지 말아야겠다.

성미산-2

 바다보다 산이 좋아 은평구에서 사십여 년 살다가 이곳 성미산 둔 턱으로 삶의 터전을 옮겼다. 내가 살고 있는 아파트에서 10분 정도 오르막길을 걷다 보면 성미산, 순 우리말로는 '성메' 또는 '성미'라 부르는데, 사실 '미'가 산 山뫼로 발음이 변한 것이란다. 성미산 도보 코스는 마포구에서 걷고 싶은 동네 길로 으뜸이다. 마포구청역 3번 출구에서 망원역 11번 출구, 총거리는 3, 3km로 300m의 전망대에 오르면 연대 안산길, 백년사, 궁등산들이 한눈에 보인다. 나무가 많아 나무에서 품어 내주는 피톤치드가 일품이다. 눈이 저절로 맑아지는 느낌이다.

새록새록 잠자던 풀잎들도 무리 지어 피어있는 야생화도 산길을 오르는 등산객을 반겨준다. 눈부신 아침 햇살을 받아 반짝이던 이슬방울이 스스로 녹는가 하면 나뭇가지에 앉은 이름 모를 새 한 마리가 풀피리를 만들어 부는 듯 간드러진다. 통통하게 살찐 까치 한 마리가 숨이 넘어갈 정도로 까 악 까 악 울어 재낀다. 어느 산

우는 "그만 울어, 시끄러워!" 고함을 치면은 더 크게 까 악 까악~ 짝짓기하자는 소리인지? 아니면 자기네 가족 모임 행사를 알리는 신호인지도 모른다.

 파란 창공을 뒤덮은 신록이 우거진 산속에서 듣는 새소리는 정겨운 풍경화 다, 천연기념물 동식물들의 생육환경 개선을 위해 생태공원을 살리려 공원 내에 때에 따라서 소등까지 전원을 끄면서 보호하고 있다.

 성미산 주변에는 삼단공원이 있어 지진 시에는 긴급 대피도 마련해 두어 깊은 배려심도 돋보인다. 옹달샘 부근엔 원추리 제비꽃 금낭화 노랑붓꽃 애기똥풀 벌개미취 등 다양한 식물들이 다정한 친구를 바라보듯 서로 웃고 있다.

 솔부엉이(천연기념물 324호), 파랑새 (IUCN적색목록) 새호기는 여름철 성미산에서 생존하다 가을 무렵 동남아 서식지를 옮겨갔다 여름철에 다시 돌아오는 계절 순환 새다.

 유아동네 숲터에 가면 물이 샘솟는데 지금 당장은 물이 없어 말라 있는 것처럼 보이지만 생명의 물이 자연스레 고이는 소중한 성미산 샘골이다. 생태복원을 위해 샛길을 폐지하기도 하며, 있는 동식물을 보호하기 위해 마포구청 공원 녹지과의 노고가 많음이 느껴져 고맙기 그지없다. 우리 산행인도 건강을 위해 오래도록 자연과 산의 혜택을 받으려면 저절로 산길이 닦여 있다고 예사로이 생각지 말고 아끼고 가꾸는 데 많은 노력을 해야 할 것이다.

금강산 선인장-2

 우리 집 아파드 배린디에는 50년 된 금강산 선인장이 살고 있다. 금강산의 일만 이천 봉을 닮았다 하여 부쳐진 이름이다. 그리 예쁘지 않아도 가시가 얽혀 있지만 기품이 있다. 쉰 살이 되도록 많이도 자라 천장을 뚫을 정도여서 자식 동생 친구 문우 친지 등 많은 분들께 분양했다. 우리 집에 금강산 선인장이 입수되기까지는 사연이 많았다. 손위 시누이가 영어 교사 시절 제자가 선물로 가져온 것을 주기 아까워하는 누나에게 사정하여 한 줄기 얻어다 키운 게 어언 오십여 년의 세월이 흘렀다. 모태인 시누이 집 선인장은 관리를 잘못하여 죽어버려 오히려 우리 집에서 분양해 갔다. 주어야 받을 수 있는 것이 진리인 것을 깨닫게 해 준 실화인 것이다, 남편이 1994년 금강산 선인장-1 이란 제목으로 수필공원에 발표한 바 있다.

반백 년의 긴 세월을 지나다보니 온갖 고난과 풍상을 겪으며 생존하여 왔다. 술을 좋아하는 남편은 아랫부분 큰 몸통을 둥글게

도려내어 그곳에 새집 둥우리를 지어 새가 드나드는 것을 보고 싶다며 커다란 생채기를 냈다. 물론 술에 취해 떠오른 발상이지만 뜻대로 성공할 순 없었다. 식물이긴 하지만 사람 같으면 오죽이나 아팠을까?

 선인장 가시가 얼마나 강한지 한번 찔리면 송곳으로 찔린 것처럼 아파 피가 많이 난다. 쉰 살이 훨씬 넘은 큰아들 그 뒤로 연년생인 세 아들이 어렸을 때 가시에 찔릴 때면 몽둥이로 많이도 두둘겨패데서 온 몸통이가 상처 투성이다. 선인장은 열대야 식물이라 단독 주택에 거주할 때는 겨울나기가 어려워 거실로 들여놓는 작업이 큰일이었다. 그런 만고풍상을 겪으며 지금껏 꿋꿋하게 살아있는 모습을 보노라면 장하기도 하고 존경스럽다는 표현이 적합지 않지만 그런 감정이 들 때도 있었다.

 금년 여름(2023년) 기후 변화로 80년 만에 찾아온 폭염 탓인지 일만이천 봉이라 불리던 선인장 봉우리가 제멋대로 꺾여 고개 숙인 채 자라고 있는 줄기도 있다. 한창 젊은 나이엔 천장을 뚫을 듯 꼿꼿한 기세로 천장과 맞닿을 때도 있었건만 식물도 세월 앞에는 장사가 없는 것일까 하는 생각이 들 때도 있다. 혹여 필자가 관리가 잘못해서 그러는가 해서 그 앞에만 서면 두 손 모아 합장하며 미안해~를 연발하기도 한다.

 주인이 산수傘壽를 넘기니 주인을 닮아가는 것일까? 엉뚱한 생각이 들 때도 있다.

'금강산 찾아가자 일만이천 봉~ 볼수록 아름답고 신기하구나' 금강산 산맥을 닮았다 하여 붙여진 이름인데 그 값도 못 하고 꼬부랑망구처럼 된다면 어쩌나 하는 기우가 들곤 한다.

반백 년 공존한 너를 나름대로 잘 보살펴 대대손손은 아닐지라도 세 아들 중 아빠를 제일 닮은 막내 녀석에게 전해 주려는 의무감으로 잘 보살펴 키우려 노력 중이다.

인생으로 말하면 금혼식을 치러야 할 세월에 아름답게 늠름하게 잘 가꾸지 못한 잘못을 반성과 아울러 나와 함께 동행하자고 묵언의 대화를 나누어 본다.

쉰 살 넘은 금강산 선인장아 사랑해~ 아자 아자!

꽃은 나에게

사람에겐 품격品格있고, 꽃에는 화격花格이 있지요. 눈 속에서 핀다 하여 매화가 1품이라 하네요. 서리를 맞고 핀다 하여 국화가 2품 진흙 구정물 속에서 핀다 하여 연꽃이 3품 북향으로 떠난 임을 위해 오롯이 북쪽을 향해서만 핀다 하며 목련은 4품 가시가 돋아나 스스로 자신을 지키는 장미가 5품이라 하네요. 꽃은 쉽게 지기 때문에 아름다운 것일까요! 대신 쉽게 지는 아쉬움을 달래주려 꽃은 향기를 전해주는지도 모릅니다.

7월~9월까지 약 백 일 동안 붉게 피우고 떨어지는 배롱나무꽃을 백일홍이라고도 불리는 이유를 알 것 같네요.

수많은 꽃은 각기 자기만의 빛깔과 향기를 품고, 보는 이의 마음에 큰 선물을 줍니다. 요즘은 삼십 사오십 대까지도 결혼하지 않는 젊은이들이 많습니다. 필자는 스물여덟에 결혼했어도 그 시대에는 만혼이라 하여 부모님은 걱정을 많이 하셨습니다. 시집갈 생각을 하지 않는 딸이 걱정되셨는지 점쟁이 집을 찾으셨대요. 그

점쟁이 曰, 전생에 꽃을 꺾은 죄로 이생에 태어났지만 결혼할 사주팔자가 아니라고 하더라고 어머님은 제게 전하셨어요. 미신으로 치부하고 믿지 않았지만 지금도 맘에 드는 꽃을 보면 그냥 지나치지 않고 꺾는 자신의 버릇을 고치지 못하고 있네요.

꽃은 항상 나에게 기쁨을 안겨준다는 사랑의 이유에서 집안에서도 보고 싶은 욕망이랍니다. 내가 제일 좋아하는 꽃은 연꽃! 진흙탕 속에서 넓고 푸른 잎사귀 사이에서 가지각색의 꽃과 향기로 맘에 평온을 안겨주기 때문이랍니다. 해맑은 미소로 반겨주는 연꽃은 나에게 축복의 기쁨을 안겨주는 것 같아서입니다.

꽃의 이름 중에는 특이한 이름을 가진 것이 많습니다.

괴불주머니꽃 구슬댕댕이꽃, 너도 바람꽃, 며느리발톱 꽃, 애기똥풀꽃 처녀치마꽃 이팝나무꽃 히아신스 등 저마다 특색 있는 이름이 붙여진 것을 보면 유래가 있는가 봅니다.

산과 들에 피는 야생화들까지 다 합치면 헤아릴 수 없이 많은 꽃이 있지만 그중에서도 라일락꽃에 얽힌 첫사랑의 사연은 그 독특한 향기만큼이나 많습니다. 작은 꽃망울들이 옹기종기 모여 붙어 있는 모양새는 별로 예쁘지 않은 데 비해 향기는 그토록 진하고 어찌나 매혹적인지 연애할 때처럼 설레게 합니다. 단독주택에 거주할 때 외출했다 대문을 열고 들어서면 애인을 만난 기쁨 못지않게 라일락꽃 향기는 애인이 나를 꼭 안아주는 포근함을 느끼게 해

줍니다.

　지나간 아름다운 추억과 그리움이 사랑으로 피어났으니, 그 누군들 꽃을 좋아하지 않는 이 있으랴마는 꽃을 사랑하는 사람은 마음이 청순하다고 전해옵니다. 나에게 기쁨을 안겨주는 꽃만큼 고운 심성과 바른 행동으로 품격 있는 자아완성自我完成의 길을 닦아나가는 데 게으름 피우지 않으렵니다. 이러한 생명력을 품게 해주신 천상에 계신 두 스승님께 두 손 모아 경배드리는 아침입니다.

단상斷想 1

 1. 그리움을 품고 사는 삶은 윤택해진다.

2. 침묵은 언어의 깊은 우물!

3. 인성人性이 아름다운 사람은 세상을 구원한다.

4. 행복은 몸부림치며 갈구하는 것이 아니다. 자연에 순응하다 보면 무의식중에 오는 것, 느끼는 만큼 오는 것이리라!

5. 언어는 장전된 권총과 같다, 문학은 언어 예술이므로 장전해 두었다가 적시적소에 사용해야 한다.

6. 과학은 자연을 초월할 수 없다. AI 인공지능이 과학을 초월할 수 없다는 확신 갖고 있는 필자의 생각이 착각이 아니길 소망한다.

7. 철학자처럼 사색하고 농부처럼 일하라.

8. 시니어들은 추억을 풀어먹고 살다가 보니 추억은 시간과 함께 층층이 쌓여만 간다.

9. 자신의 삶을 운전하는 주인은 마음!

10. 그리움의 성城에 갇혀 있는 동안은 내 영혼은 충만하다.

11. 하늘 높은 줄 모르고 푹푹 찌는 삼복염천의 오만도 가을이 오는 소리엔 백기를 든다.

12. 문학은 나에게 절대적인 존재 이유며 신앙이다.

13. 감방 생활 중에 있어도 지난날의 과오를 반성하고 감사할 줄 알면 수도원 생활이 아닐까!

14. 사랑은 버터란 말이 있다. 버터는 따뜻한 곳에 있으면 사르르 녹는다. 사랑에 빠지면 너와 같이 있을 때 하나가 된다. 허나 사랑도 멀어지면 찬 곳에 놓은 버터처럼 딱딱하게 굳는 것을~

15. 모성은, 종교적 헌신적 신앙심처럼 깊어질수록 사랑은 피처럼 진해 물처럼 끊임 없이 흐른다.

16. 사랑한 사람보다 사랑받은 행복이 오래 각인되는 것은 오직 어머니의 사랑뿐. 연인들의 사랑이 엄마의 사랑처럼 변함이 없다면 오죽이나 좋으랴!

17. 사랑은 참으로 미묘한 것! 사랑이 깊어질수록 받은 선물은 그리움 외로움 그래서 '천경자' 님은 사랑이 깊으면 외로움도 깊어라 했을까?

18. 겨우내 모진 추위를 이겨내고 피어난 봄꽃을 바라보며 인고의 세월을 견뎌온 인생일수록 매화 향처럼 은은한 향을 품어내지 싶다.

19. 운명이란 타고난 것일까? 인연의 절반이 좌지우지하는 것 아닐까?

20. 침묵은 언어의 깊은 우물 안에서 길어 올린 것으로서 금숲이라고 하는 것인지도 모른다.

세레나데

 음악은 일상에서 삶을 윤택하게 해줄 뿐만 아니라 그리움이 쌓일 때 그리운 사람과 함께 듣던 음악을 감상하노라면 많은 힐 링이 된다. 낙천적인 성격을 타고난 필자는 혼자 있을 때도 그리움이 밀려올 때면 힘껏 고음으로 노래를 부르면 한결 머리가 맑아짐을 느낀다.

많은 음악의 장르 중에서도 오페라 가곡 클래식 등을 즐겨 듣고 부르는 편이다. 요즘은 관객을 찾아가는 음악인들이 많아서 시간에 쫓기는 현대인들에게 대환영을 받고 있다. 딜 라이브 오페라하우스에서 '공주는 잠 못 이루고', '오솔레미오' 등을 청취하고 있노라면 비싼 유학비를 지불하여 독인, 이탈리아 등지에 수학하고 온 유명 성악가들을 쉽게 접하게 되어 해피하다. 아침에 듣는 명곡으로 슈베르트에 아베마리아를, 슈베르트의 마지막 연가곡집 중 하나인 세레나데를 즐겨 듣는다.

요즘엔 TV조선에서 방영하는 미스, 미스터 트로트를 즐겨 듣는다, 가사 하나하나가 인생의 쓴맛 단맛 신맛이 담겨 있어서 맘에 와닿기도 하지만 솔직히 말한다면 뉴스에서 방영되는 사건 사고나 어지러운 우,좌파 정치 실황 등 복잡한 게 듣기 싫어 채널을 돌려 듣는 편이라고나 할까! 평온한 일상을 유지하고 싶은 욕망이라고나 해야 할까! 불안한 미래를 걱정하지 말자는 이기심 때문인지도 모른다.

음악이 주는 무형의 커다란 힐 링의 힘은 하늘이 주신 은혜의 예술이다. 많은 예술의 장르 중, 문학 미술 연극 뮤지컬도 선호하는 편이지만 유난히 음악에 비중을 두는 것은 왜일까 자문해 보면 한국 전쟁 후 어려운 상황에서 자신이 하고 싶은 성악을 전공하지 못한 아쉬움을 채우려는 욕망인지도 모른다.

남은여생에 함께 할 음악이 있어 난 행복한 사람이라고 자위해 본다.

생 명 의 불 꽃

봄비가 조용히 연초록 잎 새를 이슬처럼 적셔주고 있어 과거 조선과 일본 사이에 억압받았던 긴장과 평화가 교차되는 흔적을 곱씹으며 깊은 상념에 잠겼다. 이번에 개최하고 있는 특별전은 한일국교 정상화 60주년, 광복 80주년을 맞이하여 두 나라의 뿌리를 되짚어 보는 기획으로 허심탄회하게 마음을 터놓고 그 여운이 물결처럼 유유히 흐르기를 바라는 소망에서였다고 한다,

5

마음의 사귐, 여운의 물결

나라위한 얼과 글
DNA
단상斷想-2
마음의 사귐, 여운의 물결
일체유심조一切唯心造
자연이 주관하는 삶
역경
뇌지雷芝의 화심花心-3
잊을 수 없는 한 영혼께
하늘은 부끄럽게 푸릅니다
뇌지雷芝의 화심花心-4

나라위한 얼과 글

 광복 80년을 맞아 2025년 팔 월 미지막 날, 은 향 사학회에서 서울역사박물관에 전시되어 있 는 국무령 이상룡과 임청각을 견학하고 왔다.

 언어장애가 되어 살아온 서른여섯 해의 슬픔이 밑거름되어 나날이 발전해 가고 있는 대한민국의 장래에 희망을 품어본다. '빼앗긴 들에도 봄은 오는가' 이상화 님의 시詩를 읊조려 보노라면 K-팝 K-트롯 K-드라마 K-음식문화(김치, 떡볶이, 김밥) 등 세계 각국에서 인기가 상승하고 있음이 이 모두가 나라를 위해 헌신한 독립유공자의 은덕이 아니고서야 오늘날과 같은 광명을 누릴 수 없었음을 더 이상 말해 무엇 하랴! MZ세대들은 꼭 알아야 한다.

 오백 년 전 세종대왕께서 창제한 한글이 21세기 핸드폰 시대에 최고로 인기 상승하고 있음은 나라를 위해 헌신한 선조들이 위대한 얼과 글 때문이 아니랴! 한국 최초로 노벨문학상을 수상한 '한강' 작가도 나라를 위해 지켜주신 선조들의 얼과 글이 없었던들 오늘의 영광을 누릴 수 없었지 싶다. 일제 강점기 나라 잃은 슬픔을 우리 민족 젊은 세대들은 뼈저리게 뇌리에 각인시키지 않으면 안 된다. 대한의 상징인 붉고 푸른 깃발을 높이 들어 태극기를 좌우로 힘차게 흔들어 본다. 광복 80주년 특별전을 관람하고 귀가하는 발걸음은 가벼웠다, 보람찬 하루였기에.

우리나라 태극기는 둥근 원형에 S자 모양의 위쪽은 적색으로 태양陽, 하늘乾 아래쪽은 청색으로 바다 땅을 뜻한다. 감坎, 리離로 흰 바탕에 밝음, 평화, 순수로 음양이 상호작용에 의해 생성하고 발전한다는 대자연의 진리를 형상화 한 것이다. 태극기를 더 자세히 부연 설명해 보면 위쪽(적색)은 양陽, 동東 하늘天 춘분春分을 상징하고, 아래쪽(청색)은 음陰 희망을 뜻한다. 건乾 곤坤 서西 땅地 하지夏至를 상징하는 것으로 심오한 뜻이 담겨 있음을 재삼 공부하여 알았다.

오랜 슬픔 뒤에 찾은 광복의 기쁨과 희생은 오늘날의 한강의 기적을 이루었지 않았는가. 붉고 푸른 깃발을 높이 들고 우리는 하나로 뭉쳐야 한다. 너와 나 서로 헐뜯고 자기만의 이익을 위한 '이기입지소인 利己立志小人心'을 고치지 않으면 힘들여 쌓아온 발전은 물거품이 되고 말 것이다.

천상에 계신 두 스승님은 일찍이 음양조화陰陽造化 화생수火生水의 이치를 가르쳐 주신 산은해덕山恩海德! 산과 같이 높고 바다 같이 깊으신 은혜를 이 생명이 다하는 날까지 불꽃을 꺼트리지 않듯 잊지 않으려 가슴 깊이 각인시킨다.

반만년 역사 동안 무수한 외침을 당하면서도 꿋꿋이 버텨온 대한민국은 단 한 번도 외침을 하지 않은 우리의 민족성에 하늘은 필히 도와주시리라 믿고 싶다. 오늘날의 이 어지러운 현실을 사필귀정事必歸正으로 바로 잡아주실 것이라는 신념信念이 나는 확고한 편이다.

나라 위해 헌신적으로 지켜 온 선조들의 얼과 글을 우리 후손들은 잘 간직하고 보존해야 한다.

'감사합니다', '감사합니다', '감사합니다'를 삼창하면서~

DNA

　DNA는 모든 생명체(일부 바이러스 제외)의 유전 정보를 담고 있는 화학 물질의 일종, 생명체의 설계도 현대분자 생물학의 필수 요소를 통칭하여 말하는 것이다. 드라마를 시청하다 보면 주제가 거의 DNA가 좌지우지한다. 결혼하려는 남녀가 부모님의 승낙을 받으려 인사차 갔다. 반대하는 부모의 이유인 즉, 혈통이 같은 남매인고로 결합이 안 된다고 부모는 적극 만류하는 상황들이 비일비재하다.

 각설하며,

 소설가 '한강'이 한국 작가 최초로 노벨문학상을 수상하며 우리 문학계의 새로운 역사를 빛냈다. 123년 노벨문학상에서 그동안 여성이 수상한 것은 한강 작가가 18번째, 아시아 여성으로서는 처음으로 수상하여 대한민국 문단을 빛내 주었다. '한강' 작가의 집안 역시 가족 모두가 문학하는 집안인데 아버지 '한승원'은 우리 문단에 널리 알려진 유명한 소설가. 아버지의 피를 물려받은

DNA의 영향이리라. 오빠인 '한규호' 역시 신춘문예 작가요. 남동생인 '한강인'도 예술가의 기질을 타고나 소설가 겸, 만화가로 활동하고 있는 현재 상황을 보더라도 알 수 있다.

우리 집 필자의 가족도 남편과 함께 수 수년간 문학 활동을 하던 중인데 뜻밖에 장남이 소설가로 데뷔했다고 책을 가져와 경이로움과 함께 DNA는 속일 수 없음을 실감했다. 장남은 대학에서 원자력공학을 전공한 공학도이다. 졸업 후 사회에 나와 삼성 포스코 한솔 등 대기업에 중견간부로 직장생활을 하다가 지금은 프리랜서로 바쁜 일과를 보내고 있는데 틈틈이 소설을 구상해 『바람이 불어오는 곳』이란 명제로 문단에 이름을 선보였다.

소설 전문을 다 기재할 수는 없어 중간은 생략하고 몇 줄만 적어본다.

"진료를 마치고 병원을 나서는 길, 초겨울 바람이 살짝 불었다. 공기가 상쾌했다. 작은 회오리 같은 바람이 마지막 낙엽들을 휩쓸고 지나갔고 이제는 완연하게 색을 잃어버린 앙상한 나무들이 고요하게 서 있었다. 몇 달 전 수술을 앞두고 이곳을 지나면서 느꼈던 막연한 불안과 두려움이 떠올랐다. 그때의 나는 앞으로 다가올 삶을 제대로 상상조차 할 수 없었다. 하지만 지금은 달랐다. 여전히 모든 것이 불확실했지만 그 불확실함 속에서도 나는 살아가고 있다.

정원에는 천천히 걷고 있는 환자들의 모습이 눈에 들어왔다. 그들의 표정은 각기 달랐다. 어떤 이는 걱정이 가득한 얼굴로 어떤 이는 담담하 게 또 어떤 이는 희미하게 웃으며 걷고 있었다. 나도 그들처럼 절망을 경험했고 두려움과 싸웠으며 또 한 편으로는 일어설 힘과 용기를 얻었다. 그리고 지금 나는 다시 여기에 서 있는 것이다. 불과 몇 달 사이에 많은 것이 변했다. 시간은 그렇게 흐르고 있다"

속일 수 없는 DNA! 조물주의 섭리에 감탄하는 나날이다. 노벨문학상을 수상한 한강 작가와 연령대와 비슷해 앞으로 글쓰기에 주력하다 보면 한강 작가와 비교할 수는 없지만 그에 버금하는 작가로 성장해 주기를 엄니로써 감히 욕심을 부려본다. 무리한 욕심일까?

단상斷想 2

 21. 사랑은 인내력 기다림, 강건한 정신력, 보고픔과의 전쟁!

22. 진정한 사랑은 소유욕이 아니라 헌신하고 주는 것과 싸우는 것.

23. 사랑받기보다는 사랑하는 기술에 마법 같은 힘이 숨어있다.

24. 음악은 단전에서 우러나오는 아름다운 소리를 들을 때면 정신과 마음에 즐거움을 준다. 힐링이 되니까.

25. 태양 바다 바람 흙 이 모든 자연의 힘은 만인에게 행복을 안겨준다.

26. 낙엽을 꽃으로 비유해 본다면 가을은 두 번째 봄!

27. 아름다움은 시공時空을 초월한다. 염원은 생사生死를 뛰어넘는다.

28. 만 개의 횃불도 지푸라기 불에서 나오는 것을~

29. 향기는 코로 맡는 것 같지만 더 깊은 맛의 향기는 듣는 것의 순례가 아닐까!

30. 사랑은 주고받는 핑퐁 게임을 넘어 내가 더 많이 줄 때 성숙의 열매가 익어 간다.

31. H.P AI (핸드폰과 인공지능)이 갈수록 인간의 삶에 변화를 주고 있지만 사람의 감정을 다 읽을 수는 없다고 보기에 종이책의 생명은 지속될 것으로 본다.

32. 인생이란 삶의 마당 무대에 오르면 연극배우가 되는 것, 너(남의) 앞에서는 아파도 아픈 내색을 감추는 자존감의 연극배우!

33. 삶이란 울고 웃다가 비 온 뒤에 뜨는 무지개처럼 신비로움도 있다는 것 희극 비극 아닌 것이 인생이려니~

34. 물은 만상 만물을 소생시켜 성장시켜 주지만 자신의 공을 나타내지도 않고 다른 것과 비교하여 다투려 하지도 않는다.

35. 가족의 힘이 모여서 사회의 힘, 사회의 힘이 모여서 국가의 힘이 되는 것을~ 코로나19의 질병이 말해주고 있지 않은가. 국력을 보강하기 위해서 힘을 모으는 것은 필수!

36) 夫婦
   한쪽 팔이 없는 아내와 두 발이 없는 남편
   장애인이면서도 비장애인보다 더 호흡이 잘 맞는 신통하고 아름다운 모습.
   남편을 배낭에 메고 일상생활을 하는 모습을 보고 정상인 부부는 각성해야 하리라. 부족함을 서로 채워주며 보완하는 삶이 부부의 참모습. 상호 간에 모자란 부분을 채워가며 둘이서 하나가 될 때 진정한 기쁨이 넘쳐난다.

36. 울음은 비극적인 상처의 발성, 울림은 그 울음이 가서 닿아 또 하나의 울음으로 승화해 동행해 가는 사역의 길. 바로 세운 궤도에서 이탈하면 영혼이 어두워져 판단력이 흐려진다.

37. 입동절立冬節
   늦가을 햇살 한 자락 끝에
   낙엽은 비행(飛行)을 멈추지 않고 있다.
   가을 추위를 느끼게 하는 입동절!
   큰 나무 위에는 아직도 청, 홍, 황 무늬의 옷을 입고 있는데
   지상에 떨어져 나뒹구는 낙엽을 보노라면 삶을 성찰하게 한다.

38. "아빠! 강물에 사는 물고기가 불쌍해. 겨울이면 물이 꽁꽁 얼어 내가 좋아하는 물고기가 다 얼어 죽으니까"

　　아빠의 답 : "물고기가 죽을 만큼 얼음이 두껍게 얼지 않는단다. 아주 조금만 어니까 죽지 않아." "아~ 그러구나."

　　어린이의 순수했던 성향이 어른이 되면 왜 변하여 없어지는 것일까? 죽는 날까지 순수했던 어린 날의 성향을 지키려면 문학, 음악, 미술 등 모든 예술 분야의 끈을 놓지 말고 정진해야 되리라.

39. 업무의 일들이 쌓여 있을 때 심신이 따라 주지 않으면 갈등은 증폭된다. 급한 마음으로 일을 처리하다 보면 실패 연발이다, 그럴 땐 무조건

　　휴식이 필요하다, 한동안 휴식을 취하고 나면 일의 선 후가 결정된다.

　　보다 많은 수련을 통해, 본연의 자기 모습을 찾으려는 노력이 절대적으로 필요하다.

40) 급변하는 주위 환경(기후. AI 등) 변화에 적응하려면 극기하려는 의지력이 우선! 자신을 이기지 못하면 무기력에 빠져 허우적이다 우울의 늪에 침몰 된다. 이럴 땐 자기의 신앙 방법으로 천주교인은 묵주로 불자는 염불로 기독교인은 기도로 필자는 청심주문 無量淸靜靜方心 한량없이 맑고 고요하고 바르고 둥근 마음을 찾으려 청심주문을 독송 또는 암송 하다보면 자기도 모르는 사이 안정된 마음을 찾게 된다.

마음의 사귐 여운의 물결처럼

 은평 향노사학회 박상진 회장의 주선으로 서울 역사박물관에서 전시 중인 조선시대 통신사 특별전 '마음의 사귐 여운의 물결처럼'을 관람하고 왔다.

 봄비가 조용히 연초록 잎 새를 이슬처럼 적셔주고 있어 과거 조선과 일본 사이에 억압받았던 긴장과 평화가 교차되는 흔적을 곱씹으며 깊은 상념에 잠겼다. 이번에 개최하고 있는 특별전은 한일국교 정상화 60주년, 광복 80주년을 맞이하여 두 나라의 뿌리를 되짚어 보는 기획으로 허심탄회하게 마음을 터놓고 그 여운이 물결처럼 유유히 흐르기를 바라는 소망에서였다고 한다, 하지만 비좁은 어린 내 마음엔 창씨개명을 요구하는 등, 반만년 역사의 전통을 고려 말과 조선 초까지 극심하게 약탈해 가고 지배당했던 좋지 않은 감정이 내 안에 잠재해 있어 그 여운의 물결이 유유자적하진 못했다.

 도요토미히데요시의 침략으로 임진왜란은 잊을 수 없다. 화해和

諧하기가 힘들어 역사적 단절을 할 수밖에 없었다. 조선 왕릉의 도굴까지 자행되었던 이 시기의 참상은 잊을 수가 없는데, 세월이 흘러 마음을 터놓고 통신사 외교가 중요함을 느낀 왜구들은 국교 정상화에 힘을 싣기 시작했다.

 광복 80주년을 맞은 오늘날에도 아직도 조센징이라 무시하는 그들의 심리 저변에 깔려있음은 유쾌하지만은 않은 비좁은 내 마음을 탓해야 할 것인가? 내 마음엔 이해가 되지 않을 때가 많았다. 이번에 개최하는 통신사 특별전은 조선과 일본 사이, 긴장과 평화가 교차했던 흔적을 따라 걸으며 과거를 뒤돌아보고 현재의 외교를 성찰할 수 있는 사유의 시간이라고나 할까! 양국 관계의 뿌리를 되찾는 귀중한 기획이었다고나 할까! 다양한 유물을 나열하여 두 나라와 사람과 사람 사이에 오고 간 신의와 문화적 유대를 현대까지 보관해 온 자료를 통해 되살려 냈음은 돋보였다. 통신사는 조선이 일본막부의 요청에 따라 파견한 공식 외교사절단이다.

 사대교린事大交隣을 기본으로 삼은 조선 외교 정책 속에서 통신사는 대등한 양국의 우호를 상징하는 제도로 보아야 하는 것일까?

 무로마치막부의 시기부터 에도시대까지, 조선은 여러 차례의 통신사를 보내며 외교와 문화를 함께 전달해 왔다. 그러는 중에도 조선 왕릉의 도굴까지 했던 그 시기의 참상을 통신사 외교를 통해 중요성을 되새기게 해 준다. 그 후로 일본은 이를 수용하면서 12

차례에 통신사를 보내 국서교환이라는 대등한 외교 의례를 이행하였다.

오늘날까지 예술로 이어진 교류는 외교의 또 다른 형태로 작용하는 데 힘을 실었다.

이날의 통신사 전시를 통해 과거의 외교를 반성하고 한일 관계의 미래를 새롭게 설계해 '마음의 사귐 여운의 물결처럼' 유유자적 변질이 없길 바라는 마음이다. 통신사가 걸어왔던 그대로에 꽃피운 만남이 오래도록 변함없이 지속되어 신뢰의 길을 동행할 수 있기를 소망해본다.

일체유심조 一切唯心造

 적극적으로 이끄시는 어머님의 권유에 못 이겨 마음공부를 시작한 세월이 많이도 지났다. '도덕신앙자성신道德信仰自性信' 자성신앙도덕신自性信仰道德信'이란 가르치심 따라 자신의 성품을 스스로 뒤돌아 살펴 반성하는 심령공부 무량청정정방심無量淸靖正方心 청심주문을 독송하면서 한없이 맑고 고요하고 바르고 둥근 마음을 찾으려 주력하다 보니 일상생활을 슬기롭게 지낼 수 있어 감사한 마음이 샘솟아 해피happy하다.

 내가 존재하는 이유, 보람 있게 살아가는 이유에 감사할 때 이웃을 사랑하고자 하는 마음이 샘솟는다. 적은 것이라도 나누고 싶고 투병 중에 고통 받고 있는 친구 친지들에게 아픔을 나누려 하는 배려심이 자연스레 생겨 눈가에 이슬이 맺힌다.

 원효대사는 해골바가지를 만나면서 일체유심조一切唯心造의 깨달음을 얻었다. 어떤 관광객은 나이아가라 폭포의 장관에 감탄사를 연발하여 구경하다가 목이 말라 폭포에 물을 떠서 맛있게 마시며

"아따, 물맛이 좋네"라며 실컷 마셨다. 걸어 나오는 중 폭포 옆에 '포이즌Poison'이란 팻말을 보았다. 자신도 모르게 독성분이든 물을 마신 것을 알고 난 뒤 바로 배가 아파오고 창자가 녹아내리는 것 같은 아픔을 느껴 동행하던 친구들과 병원을 찾았다. 위 사실을 자초지종을 설명하니 의사는 껄껄 웃으면서 "포이즌Poison은 영어로 해석하면 독이지만 프랑스어로는 포 이존Poison:낚시금지)란 말입니다. 별 이상이 없을 테니 안심하세요"라는 의사의 말 한 마디에 아프던 배가 아무렇지도 않게 됐다고 한다. 이를 일러 의학 용어로 플라시보 효과라고 해야 하리라. 이 예를 보더라도 어떤 상식이나 믿음은 우리네 심신을 다스리고 지배하는 것이 아니고 무엇이랴!

 요즘같이 역사상 유례없는 폭염이 오랜 시간 지속되다 보니 짜증이 나고 습도가 높아 덥다고 짜증을 부리다 보면 몸도 마음도 상하게 된다. 행복은 자신의 마음 먹기에 달렸으니 어떠한 상황이나 처해진 조건 때문에 불행한 것이 아니고 나의 마음가짐이 행, 불행을 결정하는 것. 이게 바로 일체유심조一切唯心造가 아니고 무엇이랴!

 앞을 보지 못하는 '헬렌 켈러'는 내 생애에 행복하지 않았던 날은 단 하루도 없었다고 고백했다. 유럽을 지배한 황제 '나폴레옹'은 자기 생애에 행복한 날은 단 6일 밖에 없었노라 전해 온다. 삶은 마음 먹기에 달린 것이니 가득 찬 욕심을 비우고 또 비워 마음 먹기에 따라 천국과 지옥이 갈림길이 되는 것을 깨달아야 하리라. 우스개 같지만 깨와 소금을 섞으면 깨소금이 되고 깨와 설탕을 섞으면 깨달음이 된다고 말할 수 있는 덕담이 필요하리라!

 심령공부에서 가르쳐 주신 말씀 '천당극락 재하처天堂極樂 在何處는 회개선심지悔改善心地고 지옥재하처地獄在河處는 비애악심지鄙埃惡心地'에 있다는 가르치심 따라 살아 생존에 천당 생활을 하려면 그릇된 마음을 고쳐서 착하게 행하면 그것이 천당극락 생활임을 깨우쳐 주셨으니 감사드릴 수밖에 없다. 생존해 있는 동안 착하게 살면 그것이 천당인 공부를 하게 해 주신 어머님께 재삼 감사드린다. 남은 생애도 일체유심조一切唯心造임을 각인시키는 생활인이 되자. 내 마음이 기쁘면 새소리도 아름다운 음악으로 들리지만 내 마음이 우울하고 서글프면 똑같은 새소리도 서글프게 들리는 것이 진리인 것을 깨달아야 한다.

자연이 주관하는 삶

 교보생명 광화문 글 판에 새겨진 '자세히 보아야 예쁘다. 오래 보아야 사랑스럽다. 너도 그렇다.' 나태주 詩 '풀꽃'의 전문을 적어본다. 간단명료한 이 시가 대표 시가 되어 독자들에게 각인시킨 이유가 뭘까?

철부지 제자들을 교육시키면서 잘 따라오지 않는 어린아이들을 관찰하다가 영감이 와 쓴 詩라 한다. 음미하다 보면 떠오르는 생각은 사랑하는 애인을 그리며 쓴 것 같은데 그와는 정반대로 말을 잘 듣지 않는 어린이들을 포용하려는 마음으로 적어둔 것이란다. 이 모두는 시인의 마음속 깊은 곳에 사랑의 샘물이 용솟음쳤기 때문이지 싶다.

나태주 시인은 길을 걷다가도 이름 모를 야생화가 무리 지어 피어있는 것을 발견하면 그 자리에 주저앉아 그렸단다. 미술 도구를 항상 준비하여 다녔기 때문에 가능한 일이었으리라. 그가 그린 그림은 어떤 기교를 부리지 않는 꾸밈없는 순수한 그 자체였다. 빨강, 파랑, 자주, 보라, 초록 수반에 연꽃, 갈대 등 육신의 나이는 1945년 해방둥이지만 정신은 때 묻지 않은 어린애 같아서 시나 그림이 독자들을 감동시키는 것은 그가 곁에 없어도 있는 것처럼 좋아할 수밖에 없는 순수함이 잠재돼 있기 때문이다.

 이렇게 순수하게 생활해 오던 나태주 시인에게도 뜻하지 않은 시련의 위기가 왔다. 쓸개가 터져 몸 안에 장기가 모두 녹아 더 이상 생명을 유지할 수 없다고 의사는 가족들을 불러 장례 준비를 하라는 조언을 했다. 뜻밖에 찾아든 시련에 온 가족은 실신 상태, 두 개인 콩팥이 다 녹아 반쪽만 남았으니 어떻게 노폐물을 걸러 낼 수 있겠는가! 의사는 이제 자연 회생술 밖에 믿을 게 없다고 했다. 그러나 그는 그로부터 오늘날까지 수삼 년을 생존하여 국내외적으로 유명한 작가로 명성을 날리고 있지 않는가! 사람의 생명은 자연이 주관하심이 진리임을 증명해 주고 있다. 인명재천人命在天이란 말이 조금도 틀리지 않음을 실감케 한다.

 그런 신체조건 속에서도 부단한 노력으로 오늘날까지 건강하게 생존하여 각종 단체, 학교, 기업인, 직장 등 많은 곳에서 강연 초청이 물밀듯 쇄도하고 있다. 어느 기자가 이제 이만큼 성취하였으니 소원 한 말씀 질문에, 잠 한번 실컷 자 보는 것이란 답을 남겼다.

 나태주 시인이 생존 불가능한 신체적 조건을 극복하고 오늘날까지 건재함은 인간의 힘으로 불가능한 일이다. 삶은 자연이 주관하는 일이 아니고서는 불가능한 일임을 절감케 한다.

인간의 수명은 하늘에 달려있으니 살아있는 동안 최선을 다하여 자연의 이치에 어긋나지 않는 생활을 할 것을 내 좁은 뇌리에 각인시켜 보는 아침이다.

나태주 시인님! 건강 파이팅!

역경

 비바람 맞으며 갖은 고통을 이겨낸 봄꽃에서 향기를 맡고 있노라면 언 땅에서 뿌리를 내리고 견뎌낸 역경의 결정체임 재삼 느낀다.

 서양 속담에 '흐르는 시냇물에서 돌들을 치워 버리면 그 냇물은 소리를 잃어버린다는 말이 있듯 우리네 삶의 길목에서 만나는 역경과 고통의 돌을 치워버리면 아름다운 노래를 들을 수 없게 된다는 것은 부인할 수 없는 일이다.

 음악을 좋아하는 필자였지만 한국전쟁 이후 어려운 상황에서는 성악을 전공하고 싶었어도 꿈만 꾸며 아쉬워하다가 YMCA 여성 합창단 등 여러 곳에 가입해 취미활동을 하면서 아쉬움을 달래곤 했다. 그때 연말 크리스마스 즈음에서 열정적으로 연습했던 '할렐루야'를 소프라노 메조 알토 파트로 화음을 맞추며 그 하모니의 음성을 들으며 연말을 즐겁게 보낸 추억이 그리워지곤 한다.

 그때는 할렐루야의 작곡자가 '헨델'이라는 것을 모르던 때였다.

그 후 알게 된 사실은 헨델은 건강이 매우 나빠져 병을 고치기 위해 재산을 모두 탕진하고 그리고도 돈이 모자라서 남의 돈을 빌려서 최선을 다 했지만, 건강도 찾지 못했고 돈도 갚지 못하여 결국은 반신불수의 비참한 상태로 감방에 갇히고 말았다. 그는 불행하고 고통스러운 나날의 연속이었다, 불후의 명작 ' 할렐루야'를 작곡한 곳은 바로 감방이었다. 이 연주를 듣던 왕도 감동받아 기립박수를 보냈다는 전언이었다. 만약 헨델이 호사스럽고 행복한 위치에 있었다면 오늘날 전 세계적으로 널리 알려진 '할렐루야'를 작곡하진 못했을 것이다.

돈도 건강도 찾지 못하고 비참하게 감방에 갇혀 있었지만 얼마나 혼신의 힘을 다해 열정을 불살랐으면 세기를 뛰어넘은 '할렐루야'란 곡을 작곡했을까!

우리네 인생도 살아가면서 어떠한 고통과 역경이 닥쳐온다 해도 실망하거나 좌절하여 쓰러지지 말고 오뚝기처럼 그 역경을 딛고 일어나 '헨델'처럼 제2의 인생을 창출해야 되리란 생각이다.

세월을 거스를 순 없어 황혼녘에 이르러 생로병사의 수순을 밟아 가고 있지만 병마를 친구 삼아 남은 생의 역경을 이어 나가리라 다짐해 본다.

내 인생에 주인은 내 자신이다. 주인의 위치를 지키면서 존재의 가치를 높이려 최선의 노력을 다하는 靜江 李信子(秀香智)가 되리라.

뇌지雷池의 화심花心 -3

 금년은 111년 만의 폭염이 위대했다. 가마솥 찜통더위에도 연꽃은 아랑곳하지 않고 곱고 아름다운 모습으로 보는 이의 마음을 기쁘게 해 주고 있다. 부처님의 탄생을 알리려 피어난 꽃으로 극락세계에서는 모든 불자가 연꽃 위에서 신으로 태어난다고 오래전부터 믿어왔다.

 연꽃을 좋아하는 필자는 '뇌지의 화심'이란 제목으로 세 번째 글을 쓰고 있다. 왜 그리도 좋은가? 스스로에게 몇 번이고 자문해 보면 꽃말이 말해 주듯 청정하고 순결하며 신성하기 때문이라는 답을 얻는다.

 코로나19 바이러스 역병으로 두 해가 다 되어가는 즈음 백신주사를 2차까지 맞았어도 美 질병통제예방센터에서는 안 맞은 사람과 마찬가지라는 보도다. 델타 바이러스로 변형이 되면서 전염은 대단히 높다는 소식에 마스크를 쓰고 더위와 싸우는 요즘 우울증에 갇히지 않으려 노력 중이다.

전 세계 인류가 이런 일상생활과 비교되게 연꽃은 태연한 자세로 우리 인간에게 많은 것을 깨닫게 해 주고 있다. 깊은 수양심을 기르라는 듯, 하여 필자는 연꽃 예찬을 쓸 수 밖에 없었다.

양귀비가 사랑했다는 식물, 연자육은 피부미용에 탁월할 뿐만 아니라 혈관 건강에도 이로운 도움을 준다 하여 필자도 구입했다. 열매이기 때문에 단단하여 콩처럼 밥에 넣어 먹으려고 많이도 샀다. 맛은 밤 맛과 비슷하지만 약간 떫은 맛이 있는 게 단점이라고나 할까! 단단하기 때문에 냉장 보관하지 않고 상온에 그냥 방치해 둔 게 화근이 되었다. 구입 후 한참 있다가 살펴봤더니 구멍이 나 있고 변질이 돼 있어 식용은 안 될 것 같아 버려야 할 지경이다.

버리기가 아까워 베란다에 있는 화분에 거름이나 하려고 뿌려준 것이 두 번째 화근이 될 줄은 몰랐다. 연자육 열매가 나방으로 변신해 날개를 달고 날아다녀 신경이 은근히 쓰였다. 모기향을 피워 제거해도 일 년이 넘게 날아다닌다. 어쩌다 베란다 문을 열면 그 사이 잽싸게 거실로 들어와 날아다닌다. 얼마나 날렵한지 모기약 스프레이나 파리채로는 도저히 잡을 수가 없어 한두 마리 나방이 날아다녀도 그냥 내버려 뒀다. 모기나 파리 같으면 인체에 들러붙어 많이 괴롭힐 텐데 전혀 그런 것이 없고 피부염 같은 것도 없다.

모체(연꽃)가 청정하고 순결하며 신성하기 때문에 그 열매가 변형이 되어 나방으로 변신했어도 아무런 해가 없는 것을 보면서 근본이 곱고 아름다운 연꽃이 구정물 속에서도 태연자약하게 피어나는 진리를 깨닫게 해준다. 하여 나름 필자는 연꽃과 연관된 모든 것에 호감을 갖게 되었다. 연꽃은 항암효과, 당뇨병 예방, 몸속의 염증을 막아주기는 한단다. 기억력 상승에도 도움을 주며 불면증 개선, 우울증 개선으로 정신을 안정시켜 치매 예방에도 도움, 체중조절, 다이어트 효과도 있다니 얼마나 이로운 식물인가. 줄기, 연잎, 열매까지도 좋은 약재, 치료제이니 곱고 예쁜 것은 여러 모로 은혜로운 식물인 것이 분명한 것을 부인할 수 없다.

 연자육 씨앗을 그대로 먹을 경우 15알 이내 생으로 섭취하는 것보다 불에 익혀 먹는 게 좋다. 소화 흡수가 아주 느리기 때문에 혈당이 천천히 올라가 인슐린 과다 분비를 억제, 콜레스테롤을 낮춰 혈당 수치를 조절해줌은 이미 알고 있는 사실이 아니던가.

 누구나 다 알고 있지만 연꽃 열 가지 예찬의 의미를 서술하고 마치련다.

연꽃 예찬 열 가지 의미

●面相喜怡 (면 상 희 이)
연꽃은 잎의 모양이 둥글어 보는 이의 마음을 편안하게 하고 행복하게 한다. 얼굴에 미소를 머금고 부드러운 말을 사용하여 인자한

사람이 되라는 의미

● 離諸染汚 (이 제 염 오)
연꽃은 진흙탕에서 자라지만 그 잎과 꽃이 더러움에 물들지 않는다. 주변의 잘못 된 것에 물들지 않고 세상을 아름답게 가꾸는 사람이 되라는 의미

● 戒香充滿 (계 향 충 만)
물속의 더러운 냄새도 연꽃이 피면 악취가 사라지고 연꽃의 향기로 연못을 가득 채운다. 향기 나는 사람이 되라는 의미

● 本體淸淨 (본 체 청 정)
연꽃은 어떤 곳에 있어도 그 빛은 푸르고 꽃잎의 색은 아름답다. 깨끗한 몸과 마음을 간직하라는 의미

● 柔軟不澁 (유 연 불 삽)
연꽃의 줄기는 연하고 부드러워 강한 사람에게도 잘 꺾이지 않는다. 남의 입장을 이해하여 융통성 있고 유연하게 살아가라는 의미

● 開敷具足 (개 부 구 족)
연꽃은 피어나면 반듯이 열매를 맺는다는 것. 즉 선행을 많이 해서 좋은 열매를 빚으라는 의미

● 見者 皆 吉 (견 자 개 길)
 연꽃을 꿈에 보면 길한 일이 생기니 많은 이에게 좋은 일, 길한 일을 하도록 인도하라는 의미

● 成熟 淸 淨 (성 숙 청 정)
연꽃이 활짝 피면 그 색깔이 곱고 아름다워 바라보는 이의 마음이 맑아진다. 몸과 마음이 맑은 사람이 되라는 의미

● 生 己 有 想 (생 기 유 상)
연꽃은 여린 싹이 날 때부터 달라 꽃이 피지 않아도 연꽃인지 알 수 있다. 누가 보아도 존경스러운 사람이 되라는 의미

● 不 與 惡 俱 (불 여 악 구)
물이 연꽃에 닿아도 흔적을 남기지 않고 그냥 그대로 굴러 떨어진다. 주변에 어떠한 나쁜 것을 보아도 멀리하고 물들지 않는 사람이 되라는 의미

 필자가 사랑하는 연꽃이 만개하여 111년 만의 무더위도 이길 수 있어 행복하다. 연꽃이여~ 고운 자태를 보여줘 고맙고 감사합니다. 사랑해요!

잊을 수 없는 한 영혼께

 내 영혼의 울타리 안에 늘 함께 계시는 잊을 수 없는 어른께 이글을 바칩니다. '여자는 약하나 어머니는 강하다'는 참 진리를 실천하신 당신! 할머니를 위시하려 고모, 작은아버지는 아들까지 데리고 와 우리 집에서 동거, 그리고 우리 일곱 남매 대가족을 어찌 다 보살피셨는지요! 이승에서 힘든 짐 다 부리셨으니 그곳 천상에서나마 평안해 지내시옵소서.

한국전쟁 이후 가난한 살림살이를 꾸려가시던 어머니는 당신의 삶은 접어둔 채 오로지 희생의 세월에 연속이었습니다.

바쁜 일상에서 벗어나 고요해질수록 잊혀 지지 않고 떠오르는 어머니의 이름을 불러봅니다. 어머니! 아무리 불러도 대답이 없으시네요. 그리움이 물밀듯 밀려오면 나도 모르게 눈가에 이슬방울이 맺혀 그저 송구하다 말하는 것조차 죄송합니다.

오매불망 7남매 양육시키시며 가시밭길을 자신의 운명처럼 받아들이고 팔십 평생 고생만 하시다 이승을 하직하셨으니! 그저 엎

드려 용서를 구하나이다.

'너도 내 나이가 돼봐라' 하시던 말씀이 이제 못난 여식이 그 나이에 이르러서야 생생한 말씀의 깊이를 깨닫게 되네요.

유난히 향학열이 강했던 필자였지만 칠 남매 중 셋째 딸로 중간에 끼어 있는 터라 어려웠던 환경에선 나의 학구열을 충족시켜 주지 못했음에 감사한 마음보다는 원망심이 더 컸습니다. 다방면의 예술 분야에 관심과 욕망이 컸지만 뒷받침이 안 되니 나날이 방황의 연속이었습니다. 그때 인생철학을 공부하는 최고의 대학이시라며 심령공부 수련도장에 입도시키셨습니다. 철부지 어린 나이에 심령공부라니 좀처럼 그 환경에 익숙하지 못했습니다. 갈등이 극에 달했지만 그래도 효도한다는 마음 하나로 순종하다보니 이제는 그 깊은 뜻을 헤아릴 수 있어 현재의 삶이 풍요로워졌습니다.

살날이 얼마 남지 않은 오늘에 와서야 용서를 구한들 무슨 소용 있을까요 만은 그래도 무릎 꿇어 속죄합니다. 사람이 살아가는데 절대적인 길잡이가 되어준 성덕명심도덕경聖德明心道德經의 가르치심 따라 남은 삶 섣달그믐날까지 심령공부에 혼신을 다하렵니다. 나만 알고 내 자식 내 가정만 우선으로 챙기고 그 깊은 산은해덕山恩海德은 깨닫지 못했습니다. 당신께서 키워주신 외손자들도 저들 나름대로 제 갈 길 잘 가고 있어요. 장손(민규)는 소설가로 데

뷔해서 회사 대표로 활동하면서도 글도 열심히 잘 써나가고 있습니다. 이 모두가 하늘나라에서 굽어살펴 주신 어머님의 은덕입니다.

'영혼의 상처를 향기로 바꾸는 문학의 길'에서 여식도 잘 지내고 있습니다.

오늘날의 발전된 세상을 누려보지도 못하시고 고생만 하다 가신 울 엄니! 맛있는 음식 좋아하시던 것을 먹을 땐 목울대가 멍멍해지곤 합니다. 효도여행 한 번 모시고 가지 못한 잘못으로 해외여행 갈 적엔 안타까운 마음에 그리움이 더 깊어만 갑니다. 베풀며 살라 하시던 유언 명심하여 실천하렵니다. 사랑하고 존경하는 어머니 그곳에서는 꽃길만 걸으시옵소서! 불효 여식 진심 담아 용서의 글 올립니다. 어머니! 어머니! 어머니!

하늘은 부끄럽게 푸릅니다

 3.1운동 100주년 기념 민족시인 한용운 이육사 윤동주 심훈 이상화 5인 시집을 품고 훌륭한 발자취에 숙연하여 눈가에 이슬이 맺힌다.

- 윤동주 『길』

잃어버렸습니다.
무얼 어디다 잃었는지 몰라
두 손이 주머니를 더듬어 길에 나아갑니다.

돌과 돌이 끝없이 연달아
길은 돌담을 끼고 갑니다.

담은 쇠문을 굳게 닫아
길 위에 긴 그림자를 드리우고

길은 아침에서 저녁으로
저녁에서 아침으로 통했습니다.

돌담을 더듬어 눈물짓다
쳐다보면 하늘은 부끄럽게 푸릅니다.

풀 한 포기 없는 이 길을 걷는 것은
담 저쪽에 내가 남아 있는 까닭이고.

내가 가는 것은 다만
잃은 것을 찾는 까닭입니다.

　외솔 최현배 스승으로부터 민족정신을 배운 윤동주는 독립운동에 뜻을 두고 내가 사는 것은 다만 잃은 것을 찾고자 하는 애국 애족심으로 고뇌하며 영혼을 통해 저항한 순수한 정신이 백 년이 지난 오늘날에도 잊을 수 없는 애국 청년 시인으로 우리의 가슴에 깊이 파고들어 오고 있음을 어느 누구든 부인할 수 있으랴! 일본의 지식인 중에는 가해자의 입장에서 죄책감과 속죄의식을 품고 있으면서 순수한 학문적 행적을 연구한 학자가 있음은 조물주가 주신 양심이 있기 때문 아닌가! 하여 동주를 사랑한 일본인들은 묘를 찾아내고 日교과서에 시 5편을 싣기도 했으니 그의 때 묻지 않은 순수성에 굴복할 수밖에 없었음이리라. 그때만 해도 지금처럼 윤동주의 애국정신을 절절하게 느끼지 못한 점들이 오늘날의 시점에 뒤돌아보니 부끄러울 뿐이다.

  일제 강점기 암울했던 시대의 민족시인 한용운 이육사 윤동주 심훈 이상화의 존경스러운 독립투사가 있는데도 유난히 윤동주 시인에 포커스를 맞춰 중점적으로 쓴 것은 너무 꽃다운 청춘의 나이에 생을 마쳐 가슴 아파서 임을 밝히고 싶다. 지금 현재 위정자들도 선인들의 숭고한 정신을 받들어 새봄이 오도록 정치해 줬으면 하는 간절한 소망을 전하고 싶다,

  나는 평소에도 빼앗긴 들에도 봄은 오는가 '이상화' 민족시인의 시를 좋아했다. 필자 스승님의 혈연인 조카여서였을까! 나라를 지키려는 그 의지와 집념을 존경하고 사랑했기 때문임을 밝혀둔다, 봄을 맞이하지 못하고 "하늘은 부끄럽게 푸릅니다"의 위대한 민족시인의 겸허함에 비해 이 소인은 나라를 지키지 못한 민족시인의 부끄러움에 비교할 바는 못 되지만 평소에 불효만 했던 여식이 무더운 여름을 지나 가을 추수의 계절에 어머님은 하늘에 별이 되셨다. 하늘의 태양이 눈이 부셔 차마 푸른 하늘을 쳐다볼 수가 없어 고개 숙여 하염없는 눈물만 흘러내렸다.

나라를 되찾기 위해 헌신하며 몸 받쳐 희생하셨는데 비하면 극히 소극적인

개인사지만 낳아서 길러주시고 손자들까지 키워주신 그 은혜를 보답지 못한 영원한 죄인으로서 파란 하늘을 고개 들어 쳐다볼 수 없었다. 많은 날들을 속죄하며 보내렵니다. 이승에서 고생만 하고 가신 울 어머니 그곳에서는 편히 지내시기만을 마음 모아 기도드린다.

뇌지雷池의 화심花心 -4

 흙탕물 속에서 가지각색 예쁜 꽃을 피우는 뇌지에 매료되어 연꽃축제에 다녀왔다.

우리나라 최초의 인공 연못 궁남지는 사랑과 낭만 연꽃향이 가득한 정원이다. '궁 남쪽에 연못을 팠다'는 「삼국사기」의 기록에 따라 궁남지宮南地라 불린다. 백제 말기인 634년 이 못 가운데 섬을 만들어 신선 사상을 표현하는 이 궁남지는 「삼국유사」에 기록된 백제 제30대 무왕 (서동)의 탄생 설화와 백제 서동 왕자와 신라 선화 공주의 국경을 초월한 애틋한 사랑 이야기가 전에 오고 있다. 오늘날까지도 사랑하는 연인들이 찾는 장소로 청 홍 단풍잎(인조) 같은 것에 진한 자기들만의 애정 표현을 써서 자물쇠로 채워 진열해 둔 것이 이색적이다.

전국에서 몰려온 관광객들로 인산인해를 이루어 있어 주말보다는 평일에 찾아가는 것이 좋을 듯싶은 조언을 해주고 싶다.

선화 공주 이름을 부르며 '선화야 선화야' 수련 줄 테니 부여군 관

내 소상공인 상점에서 사용한 영수증 지참 시 궁남지에서 직접 키운 수련을 미니화분에 담아 제공해 주기도 했다. 백마강을 가르는 유람선을 타고 고란사를 거쳐 토끼길 따라 낙화암에 전설 같은 백제 삼천 궁녀들의 충혼을 그리며 저물어 가는 인생을 즐겼다.

　필자가 연꽃에 애착을 가지고 있는 것은 수련 공부를 수십 년간 해 오면서도 아직도 밉고 고운 사람을 편 가르고 배신감을 가지고 가슴속에 품고 있는 자화상이 구정물 속에서도 변함없이 넓고 푸른 잎사귀를 뚫고 각가지 색으로, 보는 이에게 기쁨을 안겨주는 연꽃을 보면서 많은 반성을 한다. 한동안 발걸음을 떼지 못한 것은 맛있는 음식을 맘껏 먹지 못하고 돌아서는 아쉬움이라고 해야 할까! 얼마나 수양을 더 쌓아야 연꽃 향에 취해 발걸음을 못 떼어 놓는 필자筆者처럼 모든 이들에게 취할 수 있는 인격을 갖출 수 있을까!

　나의 영원한 두 스승님은 필자에게 '秀香智'라는 고귀한 법명을 하사해 주셨다. ''수 향 지'라는 법명답게 연꽃처럼 언제나 은은하고 빼어난 향기를 풍길 수 있으려는지? 부끄러워 고개를 떨군다.

　얼마 남지 않은 삶의 여정旅程일지라도 갈고 닦아 타인에게 기쁨을 줄 수 있는 인격을 갖추기에 더 많은 노력을 해야겠다고 다짐해 본다.

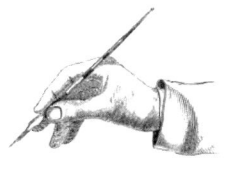

생 명 의 불 꽃

그리움

해 저무는 저녁 무렵, 인사동 찻집에 가면
생각나는 사람이 있지
이승의 동구洞口 밖을 떠나간 사람들의 행렬이
먼 옛날로 달려오고
내 얼룩진 젊은 시절이
긴 사연으로 물결치면
시작도 끝도 없는 막막한 생각들이
한량寒涼한 등불 되어 비치네

어둠이 깔린 인사동 찻집에 가면
생각나는 사람이 있지
바람이 부는 날에 창백한 사람들의 행렬이
한밤의 신음인 양 달려오고
타버린 내 젊은 시절이
아픔으로 강물 되어 흐르네
오늘도 아련한 사연들이
성찰省察의 바다 되어 출렁이네

     1997. 겨울 어느 날

靜江 李信子(秀香智)

생명의 불꽃

초판인쇄 2025년 11월 15일
초판발행 2025년 11월 15일

지은이 이신자
펴낸이 이해경
펴낸곳 (주)문화앤피플뉴스
등록번호 제2024-000036호
주소 서울 중구 충무로2길 16, 4층 403호 (충무로4가, 동영빌딩)
대표전화 02)3295-3335
팩스 02)3295-3336
이메일 cnpnews@naver.com
홈페이지 www.cnpnews.co.kr

정가 17,000원
ISBN 979-11-94950-15-8 (03810)

※ 이책은 전부 또는 일부 내용을 재사용하려면 반드시 저작권자와 도서출판
문화앤피플의 동의를 받아야 합니다.
※ 이 도서의 국립중앙도서관 출판시도서목록(CIP)은 서지정보유통지원시스템
홈페이지(http://seoji.go.kr)와 국가자료공동목록시스템(http://www.go.kr/kolisnet)
에서 이용하실 수 있습니다.
※ 이 책은 교보문고와 연계하여 전자책으로도 발간되었습니다.
※ 이 책은 국립중앙도서관 홈페이지에서 검색 가능합니다.
잘못 만들어진 책은 바꿔드립니다.